AF297765

LES FONCTIONNAIRES PUBLICS

ET

La Guerre (1870-1871)

MÉMOIRE

EN FAVEUR

De M. d'Hérisson Polastron

CONSEILLER DE PRÉFECTURE DU HAUT-RHIN
Dépossédé par l'annexion prussienne de l'Alsace

PAR C. FRÉGIER

ANCIEN MAGISTRAT
AVOCAT A TOURNON (*Ardèche*)
MEMBRE DE L'ACADÉMIE DE LÉGISLATION DE TOULOUSE

Nobilius et mitius agendum est cum hujusce
modi personis, ne tam facile debito honorario
defricantur !

Le Président Favre,
Sur les lois 15, §§. 6 et 38. Dig. Loc. cond.

LYON

IMPRIMERIE MOUGIN-RUSAND

—

1875.

A MONSIEUR

Le Maréchal De MAC-MAHON

DUC DE MAGENTA

Président de la République Française

MONSIEUR LE PRÉSIDENT,

Tout ce que peut avoir de plus grand sur la terre, l'homme le plus favorisé du ciel, vous l'avez, et, de l'aveu de tous, vous êtes digne de l'avoir : vous êtes puissant, vous êtes juste, vous êtes bon !

A tous ces titres, daignez souffrir qu'un citoyen qui croit être, depuis cinq ans, victime d'une injustice, tout au moins d'une erreur, recoure à vous, à vous, Monsieur le Maréchal, providentiellement élevé à la première magistrature de la République, à vous, chargé de la souveraine dispensation de la justice.

Souffrez encore qu'un officier de l'armée du Rhin, un volontaire, un soldat de l'armée de Versailles, ayant eu l'honneur de servir sous vos ordres, Monsieur le Maréchal, vienne s'adresser à son ancien général, et solliciter son éminent et bienveillant appui.

C'est à vous, mon suprême refuge, que je devais dédier, que je dédie ce mémoire !

Vous le lirez, Monsieur le Président, et, je n'en doute pas, faisant bonne et prompte justice des sourdes menées de ses ennemis et des absurdes calomnies de ses détracteurs, vous permettrez à un homme de bonne volonté (a), à un ancien fonctionnaire alsacien et ancien officier de notre dernière guerre, coupable seulement d'avoir spontanément et librement défendu la cause sacrée de la patrie et contre le fer de la Prusse et contre le pétrole de la Commune, d'apporter à votre grande œuvre de réparation nationale, sinon son humble pierre, du moins son grain de sable, je veux dire : tout ce qui lui reste de force, d'intelligence, de dévouement et de patriotisme.

Je suis avec un profond respect,

Monsieur le Président,

Votre très-humble et très-dévoué serviteur,

A. D'HÉRISSON-POLASTRON.

Toulouse, 19 mars 1875.

(a) *Message du Président de la République* (en date du 3 décembre **1874**). V. *Pièces justificatives,* nº I.

INTRODUCTION

A Alfred D'HÉRISSON POLASTRON

> S'il est des circonstances où la reconnaissance
> n'est qu'une forme de la justice, il en est d'autres
> où la justice n'est qu'une forme de la reconnais-
> sance !

Merci, mon cher client, merci, trois fois et quatre foi s
merci !

Merci pour vos sympathiques épanchements !

Merci pour vos franches révélations ! merci pour vos ·
intimes confidences !

Merci surtout pour votre bienveillante,· peut-être même
téméraire résolution de m'associer à la défense , et , je
l'espère bien, au triomphe de votre cause — la cause du
droit, de la justice, de la vérité, plaidée contre l'ignorance,
l'erreur et le préjugé, devant le tribunal de l'équité, de
l'opinion et de la conscience publiques !

Je n'avais mérité ni tant d'honneur, ni tant de bonheur !

Vous avez épanché votre âme, toute votre âme dans mon âme, votre cœur, tout votre cœur dans mon cœur, et, le dirai-je ? votre esprit, tout votre esprit dans mon esprit !

Vous m'avez naïvement révélé toutes les phases, tous les incidents, tous les secrets de votre vie privée et de votre vie publique.

Vous m'avez confié, avec des circonstances, des précisions, connues de vous seul et de Dieu, les étranges et, jusqu'ici, hélas ! tristes péripéties de votre courageuse lutte, pour reconquérir une position administrative laborieusement acquise, dignement occupée, injustement perdue !

Et puis, comme pour confirmer par vos écrits la vérité de vos paroles, et faciliter, de tout votre pouvoir, la noble et magnifique tâche de votre défenseur, vous avez mis sous mes yeux et déposé en mes mains, vos notes, vos mémoires, votre correspondance, registres vivants, photographie quotidienne de vos pensées, de vos sentiments, de vos actes, et, à cette éclatante lumière, je vous ai vu tel que vous ont fait les dures souffrances du passé, les douloureuses angoisses du présent, les poignantes anxiétés de l'avenir — tel que vous avez été, tel que vous serez, tel que vous êtes — homme probe et honnête, gentilhomme brave et loyal, — toujours ! — citoyen suspect ou méprisable, fonctionnaire incapable ou indigne — jamais !

Merci donc, une fois encore merci !

Maintenant je vous connais !

Maintenant je puis et je *dois* vous défendre !

En m'ouvrant « l'âme de votre cœur et le cœur de votre âme, » en vous livrant ainsi tout entier à moi, à moi qui n'avais d'autre titre à votre confiance, que cette science pratique du malheur qui apprend à compâtir et à remédier, dans la mesure de ses forces, aux maux d'autrui , par cela seul qu'on les connaît soi-même, — déjà votre frère par le malheur, vous m'avez fait votre frère par l'amitié ! par l'amitié dont je vous ai spontanément conféré les droits sur moi, en même temps que, spontanément aussi, je m'en imposais les devoirs envers vous — par l'amitié, cette fraternité morale, tout aussi sainte que la fraternité naturelle, par l'amitié enfin, ce don mutuel et gratuit de deux cœurs indissolublement liés entr'eux, et dans le sein de laquelle, bien mieux que dans le mystérieux vase d'or du poète :

Deux destins en un seul s'unissent et se fondent!

Eh bien ! au nom de cette amitié qui m'oblige autant qu'elle me flatte, je viens aujourd'hui, ô mon ami ! ô mon frère ! vous consacrer ces pages, faible, mais fidèle expression de ma foi dans votre droit et dans la justice de votre revendication !

Tout ce qu'à votre place, je voudrais que vous fissiez pour moi, tout ce qu'à la mienne vous voudriez que je fisse pour vous, j'essaierai de le faire et, Dieu aidant, je le ferai.

Je vous l'ai juré, et, soyez-en sûr, je ne faillirai pas à mon serment ! il ne tiendra pas à moi que vous ne triomphiez définitivement de la cruelle et incroyable épreuve que vous subissez depuis cinq longues et douloureuses années ! *Stabit consilium meum! stabit voluntas mea !* (1)

____

(1) Isaïe.

C'est qu'il ne s'agit de rien moins pour moi que de sauver d'une ruine, à la fois matérielle et morale, un homme qui, j'en suis convaincu, ne mérita jamais un pareil sort, une existence hier encore honorée, brillante, solide, aujourd'hui flétrie par la calomnie, obscurcie par les vicissitudes des hommes et des choses, ébranlée jusque dans sa base par la fatalité des circonstances.

Or, sauver cet homme, sauver cette existence, pour moi qui ai conscience de le pouvoir, est-ce seulement un droit ? n'est-ce pas encore un devoir — impérieux, inviolable, sacré ?

Et voilà pourquoi, chevalier de la vérité, champion du droit, soldat de la justice, après avoir rompu ailleurs (1) plusieurs lances pour elle contre la *prévention*, sa redoutable ennemie, je brûlais du désir d'en rompre ici une nouvelle contre un non moins redoutable adversaire : le *préjugé !*

Le préjugé ! cette opinion sans examen, sans base, tenant lieu de tout *jugement*, laquelle, suivant qu'elle nous est favorable ou funeste, fée Morgane ou magicienne Circé, nous élève au sommet du Capitole, ou nous précipite au pied de la roche Tarpéienne, — monstre vraiment aveugle comme ce monstre de la fable, quelque clair-voyant qu'il se croie, — ne reculant ni devant la négation de l'évidence, ni devant l'affirmation de l'absurde !

Or, vous aussi, cher d'Hérisson, vous êtes un *blessé* du préjugé, du préjugé funeste, de ce fléau d'autant plus

(1). Voir Dumoulin ou *de l'Opinion et de la Justice* — Jalabert et Voisin, ou de la *Rectification des Comptes.*

dangereux que vous ne savez pas et que, probablement, vous ne saurez jamais d'où vous viennent ses plus terribles coups.

A vous aussi, méconnu par les uns, oublié par les autres et, un moment, ce semble, abandonné et délaissé par tous, une suprême injure vous était réservée! Vous étiez destiné, innocente victime de la plus noire calomnie, à la plus terrible des immolations : à être traîtreusement frappé dans l'ombre par une main envieuse et cachée, et à tomber, meurtri, ensanglanté, à demi-mort, dans « les piéges d'une bouche inique et dans les filets d'une lèvre menteuse! » (1).

Tel je vous rencontrai sur mon chemin, — seul, fatigué, gémissant, couvert de profondes blessures.

Pouvais-je, sans violer mes devoirs d'homme et de chrétien, ne pas verser sur elles, nouveau Samaritain, l'huile qui adoucit, le vin qui fortifie, le baume qui cicatrise? pouvais-je, en d'autres termes, sans cruauté et sans injustice, ne pas payer publiquement à un homme malheureux, mais digne, dans son malheur, de l'estime, du respect et de l'affection de tous, le tribut désintéressé de tout mon dévouement?

Evidemment non! et comment l'aurais-je pu? En m'acquittant envers vous d'une dette d'humanité, de religion, d'amitié et de justice, je savais qu'en même temps que votre intérêt particulier, je servais l'intérêt général. Quel est, en effet, mon dessein? Sans doute, et avant tout, de vous défendre contre la perfidie de vos calomniateurs et

(1) Psalm.

les préjugés de vos juges, peut-être encore plus à craindre qu'elle, et d'obtenir enfin la réparation et la réhabilitation qui vous sont dues. Mais il en est un autre, et celui-là, pour ne pas figurer au premier plan, n'est pourtant pas sans importance :

Grâce à Dieu, malgré l'affaissement des caractères, le scepticisme des idées et le dérèglement des mœurs, il est encore des hommes, fort rares, il est vrai, qui, bien qu'agités comme vous par la bonne et la mauvaise fortune, restent invinciblement attachés au roc immobile du devoir et de la vertu.

Ce sont ceux qui, par leur sainte obstination à poursuivre, même au prix de leur vie, la réalisation de leur idéal de justice, ne transigent jamais avec l'iniquité, et de même que le juste d'Horace, plutôt que de renoncer à cette réalisation, dût l'univers entier s'écrouler sur leur tête, se feraient, sans trembler, écraser sous ses ruines !

Or, à de pareils hommes, — quoique supérieur à tout, le témoignage secret de leur conscience, cet écho de la voix de Dieu, ne saurait pleinement suffire ! il leur faut quelque chose de plus ! il leur faut le témoignage, en plein soleil, de la conscience publique, ce complément nécessaire, ce glorieux couronnement de la conscience privée.

Et c'est là ce que je veux pour vous !

Pour atteindre ce but, je laisserai parler les faits, rien que les faits, presque sans réflexions ni commentaires. Et, ces faits exposés, je me contenterai de les apprécier au point de vue multiple — de l'opinion, de la raison, de l'équité, du droit et de la loi.

Si mes forces ne trahissent ma volonté, si surtout je ne

suis aveuglé par la plus décevante illusion, — grâce à cette appréciation, — vous serez réhabilité moralement, vous serez réintégré administrativement, et de ce qui fut un jour votre apparente et passagère défaite, surgira, je l'espère, votre réelle et permanente victoire !

Tournon-sur-Rhône, 19 mars 1875.

C. FRÉGIER,
Avocat.

LA GUERRE

ET

LES FONCTIONNAIRES PUBLICS

Potius mori quam fœdari !

J'entreprends une tâche délicate, difficile et, à bien des égards, neuve, entièrement neuve.

Je recherche la solution d'une question qui touche tout à la fois à des intérêts matériels et moraux, et qui, pour être sainement et pleinement résolue, a besoin d'être tour-à-tour et simultanément envisagée, sondée, approfondie, au point de vue du droit, de la loi, de l'équité, de la morale, de l'opinion publique.

Je revendique comme *acte de justice,* et non comme *acte de faveur,* la réhabilitation d'un homme, la réintégration d'un fonctionnaire qui, depuis près de cinq ans, malgré les recommandations les plus puissantes, les témoignages les plus flatteurs, les démarches les plus actives, la demande en vain à l'autorité qui la lui doit, et à titre de droit acquis et à titre de juste récompense. (1)

Bien plus! désireux de défendre, en même temps que

---

(1) V. *Pièces justificatives.*

cet homme et ce fonctionnaire, tout fonctionnaire, tout homme se trouvant dans une situation ou identique ou analogue, ce que j'écris dans l'intérêt d'un seul, j'ai à cœur de l'écrire dans l'intérêt de tous.

Et ce mémoire, en soi purement personnel, et circonscrit dans l'étroite sphère d'une question d'intérêt privé et de circonstances particulières, je voudrais l'élever à la hauteur d'un mémoire impersonnel, d'une question d'intérêt public et de principe général.

Cette tâche, je m'efforcerai de l'accomplir, comme je l'ai conçue et entreprise, en toute indépendance d'esprit, en toute droiture de cœur, en toute sincérité de langage, sans parti pris, sans passion, sans prévention, sans *préjugé*, après cette incubation impartiale et consciencieuse qu'exigeait Franklin, pour arriver, en toutes choses, à une conviction complète et à une certitude absolue.

Or, voici, sans plus de préambule, la question qui en est l'objet :

Un fonctionnaire public de l'ordre administratif, révocable à volonté, quoique passible d'une retenue sur son traitement, qu'un événement de force majeure (l'invasion de sa résidence par l'ennemi), a contraint de cesser temporairement ses fonctions devenues inutiles et vacantes par le fait de l'invasion, est-il, de plein droit et *ipso facto*, sans aucun acte préalable de l'autorité compétente, définitivement déchu de ses fonctions et de tous avantages directement ou indirectement y attachés ?

Notre réponse est: Non ! mille fois non !

— *Quod est demonstrandum !* Et votre démonstration ?

— La voici :

I.

Après les questions qu'il suffit de poser pour les résoudre, je n'en connais pas d'une solution plus facile que celles qui, pour être bien résolues, n'ont besoin que d'être bien comprises.

Or, ces questions, et la nôtre en est une, le vrai moyen de les bien comprendre, c'est, une fois posées, de les examiner sous tous leurs aspects, de les contempler sous tous les points de vue, de les tourner et de les retourner dans tous les sens ; puis, de les réduire à leur plus simple expression et, par une sorte d'élimination algébrique, de les ramener à une formule claire, concise, saisissante, accessible à tous les esprits.

Procéder ainsi est surtout nécessaire quand il s'agit d'une question comme la nôtre, mixte par sa nature, complexe par son application, multiple par ses conséquences, embrassant dans son unité, deux ordres de questions connexes, mais distinctes — questions de fait et questions de droit, s'engendrant, s'enchaînant mutuellement, et allant se confondre en une synthèse supérieure, qui, participant des unes et des autres, les concilie, les réunit, les identifie entre elles, et, tout considéré, n'est autre chose que cette même question, sous une forme différente.

Cela dit, rappelons-nous-la, telle que nous venons de la formuler, et la prenant pour type et pour pivot de toutes les autres, posons en face d'elle et autour d'elle, quelques-unes des questions accessoires que nous aurons à examiner comme autant de variantes, de développements ou de corollaires de notre question principale.

Un fonctionnaire administratif, en pleine activité au moment même où sa résidence a été envahie par l'ennemi, peut-il, par cela seul qu'immédiatement après l'invasion, et avec l'autorisation de ses chefs, il s'est enrôlé pour combattre l'envahisseur, être réputé avoir perdu son titre, ses fonctions et son traitement ?

Le fonctionnaire public qui, n'étant ni démissionnaire ni réformé, ni suspendu, ni interdit, ni révoqué, ni destitué, n'exerce pourtant pas ses fonctions, peut-il être considéré comme n'étant pas en disponibilité ?

En est-il, peut-il en être ainsi, alors surtout que d'une part, il n'a cessé ou discontinué ses fonctions que pour cause d'invasion ; que, d'autre part, à dater de cette invasion, il s'est fait soldat pour la repousser, et, qu'en troisième lieu, immédiatement après la guerre, il s'est remis à la disposition de l'Etat, et a demandé sa réintégration ?

Spécialement, un conseiller de préfecture dont l'emploi a été supprimé par le fait de l'invasion ennemie, qui s'est engagé pour toute la durée de la guerre, qui, la guerre finie, a demandé la reprise de ses fonctions, ou plutôt la continuation des fonctions de conseiller préfectoral, mais qui, tout en ne l'obtenant pas, n'a cependant pas été réformé, peut-il être traité, soit comme ex-fonctionnaire n'appartenant plus au cadre permanent de l'administration, soit comme un fonctionnaire réformé de plein droit ?

Plus spécialement encore, un conseiller de préfecture, c'est-à-dire un fonctionnaire soumis à la retenue pour pension, dont les fonctions n'ont rien d'essentiellement politique, et qui a cessé ses fonctions par suite de force majeure, peut-il, par celà seul qu'il est révocable à volonté comme tout fonctionnaire administratif, être exclu de ses fonctions et de son administration, par un simple refus tacite de répondre à sa demande en continuation de ces fonctions, — sans décret d'exclusion formelle, fondé sur une cause, contradictoirement discutée et préalablement admise, d'incapacité ou d'indignité justifiant cette exclusion ?

En d'autres termes, est-il rationnel, est-il équitable, est-il convenable, est-il juste, est-il permis d'infliger à un fonctionnaire public, sans aucune cause reconnue par un décret ou acte administratif de démission, de mise en disponibilité, de réforme, de suspension, de révocation ou de destitution, une situation en tout identique ou semblable à celle d'un fonctionnaire public justement et régulièrement déclaré démissionnaire, mis en disponibilité, réformé, suspendu, révoqué ou destitué ?

Autant de questions diverses, mais toutes réductibles à une seule et même question :

Le sort d'un fonctionnaire public, révocable à volonté, mais non revêtu de fonctions, avant tout, purement politiques, et faisant de lui un pur agent du gouvernement, dépend-il, *en fait*, peut-il dépendre *en droit*, absolument, *inconditionnellement*, *ad nutum*, de la seule volonté du chef de l'Etat ?

Or, à toutes ces questions, nous répondrons comme à la première : Non !

Voilà notre thèse !

Avant de la démontrer, faisons connaître les faits qui lui servent de base ; nous examinerons ensuite le droit qui sort de ces faits.

II.

Le 14 septembre 1870, après notre héroique et glorieuse défaite de Reischoffen, quand, l'Alsace envahie, Strasbourg assiégé, Colmar occupé par les Prussiens, il devenait impossible à la haute administration du Haut-Rhin, de continuer désormais son fonctionnement régulier, un conseiller de préfecture de ce département, considérant comme un honneur et un devoir, de concourir de toutes ses forces à la défense du pays, prenait la patriotique résolution de s'enrôler, à titre de simple soldat, sous les drapeaux de la France.

Ce jour-là donc, il adressait au ministre de l'intérieur, la demande suivante :

Colmar, le 14 septembre 1870.

« Monsieur le Ministre,

« Si la Basse-Alsace, occupée au début de la guerre par l'ennemi, avait vu, jusqu'ici, épargnée l'Alsace supérieure, aujourd'hui a été envahi le chef-lieu du Haut-Rhin par un corps de Badois d'environ trois à quatre mille hommes. Aujourd'hui 14 septembre, jour néfaste pour les concitoyens de notre cité, nous avons eu l'inexprimable douleur de voir souillé par d'odieux Allemands le sol sacré de la patrie, et de lire, sur les murs de Colmar, les proclamations de ce roi de Prusse abhorré.

« Né à Toulouse et étranger à ce pays où, temporairement du moins, est suspendu le fonctionnement des administrations françaises, j'ai hâte de le quitter pour consacrer, à la France en danger, ce que je possède d'énergie et de patriotisme.

« En conséquence, Monsieur le Ministre, j'ai l'honneur de solliciter de votre bienveillance *un congé* d'une *durée indéterminée*, pendant toute celle de la guerre, résolu que je suis, sans tenir compte de mes cinquante-six ans, à m'engager comme soldat au 4e régiment de chasseurs.

« J'attendrai impatiemment votre décision, Monsieur le Ministre, et je suis avec respect,

Votre très-humble et très-obéissant
subordonné,

A. d'Hérisson,

« *Conseiller de préfecture du Haut-Rhin.* »

Quel était ce conseiller de préfecture ?

C'était M. Alfred d'Hérisson Polastron, un infatigable vétéran de la magistrature administrative , un brave et généreux gentilhomme, un citoyen courageux et tout entier dévoué à la chose publique, qui, brûlant du vif désir de marcher sur les traces de plusieurs de ses aïeux, et de suivre l'exemple de trente parents ou alliés se précipitant à l'envi vers une mort, pour tous imminente, et pour trois d'entre eux, hélas ! trop certaine, s'estimait heureux de pouvoir encore, malgré ses cinquante-six ans, mourir au champ d'honneur, pour le salut de son pays.

Belle et noble conduite qui, malheureusement, à cette époque néfaste, ne compta pas assez d'imitateurs !

Cette lettre devait rester sans réponse : déjà Paris était cerné, et toute communication officielle entre la capitale et la province avait été interrompue. M. d'Hérisson, qui ne pouvait songer à demander à son supérieur immédiat, M. Grosjean, préfet du Haut-Rhin, le congé illimité que le ministre seul pouvait lui accorder, avait cependant soin de l'aviser de sa résolution, et, très-chaudement approuvé (1) par ce haut fonctionnaire, entrait dans la garde mobile, où il ne tardait pas d'être nommé commandant d'une compagnie, avec laquelle, pendant quatre mois, à travers des souffrances, des privations et des périls extrêmes, il fit partie des armées du Rhin et de l'Est jusqu'à l'armistice.

Disons, en passant, que notre magistrat-soldat n'avait pas attendu le 14 septembre pour manifester hautement l'intention d'apporter son appoint à la défense nationale.

Dès le 12 août, pressentant que la France allait avoir besoin du concours de tous ses enfants, et, se souvenant de ce qu'il avait fait en 1848, alors qu'il croyait à une

----

(1) « Je ne pouvais pas vous donner un congé illimité, tout en approuvant très-chaudement votre détermination de prendre les armes, alors que l'ennemi était sur notre territoire. Il ne vous est pas même venu à l'esprit de me demander ce congé. Vous songiez à faire votre devoir. » (Lettre de M. Grosjean à M. d'Hérisson, 15 juillet 1874.)

guerre inévitable et prochaine, il informait en ces termes le général Douay, commandant du 7ᵉ corps d'armée à Belfort, qu'il se mettait à sa disposition :

« Mon Général,

« L'ennemi est à nos portes ! Il occupe un département voisin, interceptant toute communication avec le nôtre. Peut-être envahira-t-il bientôt le Haut-Rhin. Dans cette hypothèse, l'administration départementale, à laquelle j'appartiens comme conseiller de préfecture, serait absorbée et dans l'impossibilité de fonctionner désormais.

« Cette éventualité se réalisant, je désire servir activement mon pays, en me joignant à ses défenseurs.

« Capitaine de la garde nationale, en 1848, dans la Haute-Garonne, entrevoyant alors la possibilité d'une guerre, je m'empressais de solliciter, auprès du général La Fond de Villiers, mon compatriote, aujourd'hui commandant la 21ᵉ division à Limoges, à cette époque préposé à la formation des bataillons de garde mobile, la faveur d'être mobilisé, pour être dirigé sur la frontière. Cet officier supérieur n'eut point à tenir compte de mes offres, la paix n'ayant pas alors été troublée.

« Aujourd'hui, je n'aurais certes pas attendu l'appel fait au patriotisme des hommes de bonne volonté, sans la probabilité d'être bientôt utilisé dans mes fonctions en concourant au recrutement prochain de la classe 1870. Toutefois, si des événements de guerre mettaient obstacle à l'exercice de mes fonctions administratives, je crois devoir, dans cette prévision, me mettre, mon général, à votre disposition.

« Heureux je m'estimerais, en défendant le sol sacré de la patrie, de verser, en 1870, un sang qu'il y a vingt ans (a) j'ambitionnais de lui consacrer.

« Veuillez agréer, mon général, l'hommage de mon respect.

« Votre très-humble et très-dévoué serviteur,

« A. d'Hérisson,
« *Conseiller de préfecture du Haut-Rhin.*

« Colmar, le 12 août 1870. »

____

(a) Voir aux *Pièces justificatives* la lettre du général de division La Font de Villiers.

Et certes, comme on le vit bientôt, ce n'était pas, de la part de M. d'Hérisson, une vaine et fanfaronne bravade. Le jour même de l'invasion de Colmar, lorsqu'en l'absence du préfet Salles, s'éloignant pour éviter une captivité certaine, M. Lemercier, secrétaire-général, qui venait de donner sa démission, eut été fait prisonnier par l'ennemi, dans l'hôtel de la préfecture, n'avait-il pas généreusement et intrépidement offert de le remplacer comme otage, assumant ainsi sur sa tête toute la responsabilité de son chef, et sachant bien qu'il y allait de son exil ou de sa captivi é en Allemagne ?

Quoi qu'il en soit, capitaine sans troupes par suite de la retraite et de l'entrée en Suisse de l'armée de l'Est, après le traité de Francfort, M. d'Hérisson, à qui la navrante pensée de la guerre civile succédant, dans Paris victime des horreurs de la Commune, à la guerre étrangère, fit devancer l'appel du gouvernement effrayé au dévouement de tous les bons citoyens, M. d'Hérisson accourait promptement à Versailles, dès la fin de mars 1871, s'y engageait, comme simple soldat, dans le bataillon des volontaires de la Seine, et après avoir pris part, sous la conduite du général de Ladmirault, au second siége de Paris, entrait dans cette ville le 22 mai suivant, avec le 1er corps d'armée où ce bataillon se faisait remarquer par son initiative et sa bravoure.

De ce jour à jamais mémorable date pour la France épuisée, haletante, une ère nouvelle : la guerre avec la Prusse était finie et l'anarchie parisienne terrassée ! Avec la paix, l'ordre, la tranquillité, le travail, le pays commençait à respirer, et, peu après, sous l'intelligente et ardente impulsion d'un vieillard de génie, de qui l'impartiale histoire gravera en lettres d'or le nom illustre sur la liste de ses meilleurs et plus grands citoyens, il se reposait de ses secousses, se relevait de ses défaillances et se reprenait à espérer.

Ne pouvant plus rendre de services militaires, M. d'Hérisson songea à renouer la chaîne, un moment rompue, de ses dix-huit ans de services civils. Il demanda donc à reprendre ces fonctions de conseiller de préfecture, qu'il n'avait quittées que temporairement, jusqu'à la paix, et avec un esprit de retour solennellement confirmé en pleine Assemblée nationale, le jour où un ministre assurait, du haut de la tribune, que les fonctionnaires déplacés de l'Alsace-Lorraine « seraient les premiers replacés. »

Le chef du cabinet du sous-secrétaire d'Etat du ministère de l'intérieur, lui offrit le poste de conseiller de préfecture, de Seine-et-Oise, et le ministre de l'intérieur, comprenant sans peine tout ce qu'on pouvait attendre d'un caractère ferme et droit, comme celui de M. d'Hérisson, dont la demande en réintégration était recommandée et patronée par cinquante députés, lui promettait plus qu'il n'avait demandé, *l'adjurant* de vouloir bien accepter par dévouement, une sous-préfecture de *combat*.

Quelque temps après, les députés de l'arrondissement de Villefranche-sur-Saône, le désignaient nominativement au choix du gouvernement, pour une de ces sous-préfectures, ainsi appelées parce qu'elles avaient besoin d'un chef résolu, énergique et, au besoin, militant, et M. Lambrecht, successeur de M. Picard au ministère de l'intérieur, lui promettait, à son tour, la sous-préfecture de Villefranche, qu'il eût infailliblement occupée, sans un ensemble de circonstances fatales, entr'autres, la mort de ce ministre.

Ces faits, que pourraient attester et M. Picard et tous les députés signataires de sa demande, se passaient en 1871. Depuis lors, M. d'Hérisson, confiant dans les promesses ministérielles, et, avant tout, dans son bon droit, n'a cessé, par lui ou par ses amis et ses protecteurs, de réclamer, à l'instar de plusieurs de ses collègues qui, à coup sûr, l'avaient moins méritée que lui, une juste récompense (1) de ses services militaires.

C'est ainsi que les 7 février, 20 juillet, et 5 octobre 1873, il tenta de nouvelles démarches en haut-lieu ; c'est ainsi qu'en mai et en août 1874, personnellement et par l'intermédiaire de hauts personnages qui lui avaient témoigné la plus sincère sympathie, il insista plus que jamais au ministère de l'intérieur, pour y vaincre « la volonté bien arrêtée » de ne pas le replacer.

C'est ainsi encore qu'un an plus tard, une tentative nouvelle était faite au ministère de l'intérieur de concert avec M. le comte de Civrac, son ami, par le dernier représentant des derniers Alsaciens, député de Belfort, M. Keller, en faveur d'un fonctionnaire alsacien qui, à son patriotique exemple, avait pris les armes pour défendre l'Alsace et la France.

Mais par une force occulte, non moins insaisissable qu'invincible, tout était inutile, tout échouait, et, aujourd'hui 25 mars 1875, rien n'est singulier, rien n'est triste comme la position de M. d'Hérisson en face de l'Administration. Tout ce qu'il était le 14 septembre 1870, il devrait l'être encore, et il n'est plus rien !

On ne lui a pas dit : « Nous vous rayons, vous êtes rayé de nos cadres, pour telle et telle cause déterminée ; vous n'êtes plus des nôtres ! »

Mais ce qu'on ne lui a pas dit, on le lui a fait ! En ne répondant à ses nombreuses et instantes réclamations, que par le plus persistant et le plus désespérant silence, on l'a mis, on l'a laissé hors des *cadres* et, qu'on me pardonne

(1) « Les députés soussignés, appellent sur le pétitionnaire la haute et toute spéciale bienveillance de M. le Ministre, ils expriment le désir très-vif qu'il soit accordé à M. d'Hérisson une compensation si parfaitement justifiée » — Apostille de 50 députés, au bas de la pétition de M. d'Hérisson, du 12 mai 1871. (V. *Pièces justificatives*.)

cette expression, *sur le pavé ;* on l'a traité comme un étranger, disons mieux, comme un paria !

Et quand il a voulu savoir quels griefs ou quelles apparences de griefs on invoquait contre lui, c'est à peine s'il a pu apprendre qu'on lui reprochait une disgrâce entièrement expiée, un patronage *magnétique* qui n'exista jamais, un crime ou une tentative de crime, formellement démenti par celui-là même qui en aurait été ou aurait failli en être victime.

M. d'Hérisson, et je l'en félicite, n'était pas homme à subir en silence une pareille situation ; un *Dimittis* de cette sorte ne pouvait être accepté par un *serviteur* de l'Etat depuis 18 ans. Il a protesté, il proteste contre lui, et il prétend avec raison que, ni en fait ni en droit, il ne l'a méritée.

Or, la justification de cette prétention, tel est l'objet de ce travail.

Disons maintenant un mot, mais un seul mot de celui qui en est le sujet.

III

Je ne parlerai ni de l'origine, ni de la naisssance d'Alfred d'Hérisson ; je ne dirai pas que, gentilhomme, fils, petit-fils, arrière-petit-fils de gentilhomme, remontant, par une généalogie aussi glorieuse que certaine, aux premières Croisades, et tenant par plus d'un rameau à des souches princières et royales, il a l'honneur de compter, parmi ses ancêtres les moins éloignés, des hommes de cour, de robe, d'épée et d'Eglise, non moins distingués ou illustres par leur crédit, leur science, leur valeur, leur vertu, que par leur rang et leur naissance (1).

(1) V. *Pièces justificatives.*

Dieu me garde (s'il m'est permis de rappeler ici une spirituelle, mais trop ironique boutade) de faire à qui que ce soit un mérite de s'être donné la peine de naître. ! Je ne crois ni au fétiche talisman du nom, ni à l'immuable influence du sang; nom et sang, tout cela, à mes yeux, ne vaut que ce que vaut l'homme qui porte l'un et sent l'autre couler dans ses veines ! mais toujours est-il que, comme la noblesse qu'ils indiquent et supposent, ils obligent quiconque en est doté. à de grandes et *nobles* choses, et que, pour parler, avec le digne biographe d'une *noble* existence, « ceux qui leur doivent une place brillante dans l'histoire, habitués qu'ils sont à l'honneur dès leur enfance, vivent, entre leur père et leurs descendants, dans une situation bien différente de celle de l'homme qui a connu à peine son aïeul et que son petit-fils ne connaît pas (1) ». Ajoutons que si jamais ils paient tribut à la faiblesse humaine, ces hommes, ramenés au devoir par le souvenir de leurs ancêtres, s'efforceront de relever, par leur mérite personnel, la pureté et·l'éclat de leur antique blason, et de racheter leur défaillance d'un instant, par une longue suite d'actes irréprochables, et même, s'il le faut, héroïques.

Et c'est ce que comprit admirablement notre conseiller de préfecture. Entré dans l'administration dès 1853, successivement appelé à exercer ses fonctions en Corse, dans le Pas-de-Calais, dans la Loire et dans le Haut-Rhin, il atteignit, en 1870, ses dix-sept années de bons et distingués services, dix-sept années ! [*longum ævi mortalis spatium* (2)], sans autre faute que celle dont nous parlerons plus tard, qui date de 1866 et qui, tout à la fois périmée, expiée, rachetée par le temps, une disgrâce, trop

(1) *Le Vicomte de Grancey*, par le contre-amiral Ribourt. Paris, Henri Plon, 1873.

(2) Tacite.

sévère peut-être, et un sincère repentir, disparaît, en quelque sorte, entre les treize années d'irréprochable conduite qui la précèdent et les quatre années de conduite également irréprochable qui la suivent; — si bien que, n'était cette faute, ce point noir, vous auriez beau fouiller et fouiller encore dans tous les coins et recoins et à tous le horizons de sa vie publique et privée, vous n'y trouveriez rien de plus !

N'en soyons pas surpris ! Dans une lettre confidentielle écrite par M. Thuillier à une personne qui l'avait consulté sur M. d'Hérisson, voici comment ce président du conseil d'Etat dépeignait son ancien collaborateur, comme homme et comme fonctionnaire :

« Il a passé plusieurs années auprès de moi (alors préfet de la Corse), et je l'avais admis dans l'intimité de ma famille. Sa conduite a toujours été irréprochable. La loyauté de son caractère, la droiture et l'élévation de ses sentiments lui avaient concilié mon estime et mon attachement. Il s'est acquitté de ses fonctions avec intelligence et dévouement, et je lui avais donné des notes qui ont dû contribuer à son avancement que j'aurais voulu plus rapide et plus marqué. Excellent fils, il a montré, à ma connaissance, dans les relations de famille, des qualités de cœur qui lui ont valu et lui vaudront toujours mes sympathies.

« M. d'Hérisson joint à un caractère facile, aimable et enjoué, un cœur affectueux et bon, des qualités solides !.... » (1).

Voilà l'homme que nous allons voir aux prises avec tout ce que la haine peut inventer de plus faux, l'hypocrisie de plus perfide, la méchanceté de plus diffamatoire ! voilà mon client !

Arrivons à ma cause.

(1) V. *Pièces justificatives.*

IV

Que n'ai-je, pour parler avec les Arabes, « une plume de Dieu », brillante comme le soleil, rapide comme l'éclair, puissante comme la foudre, acérée comme un glaive !

Sans autre art que l'ordre lumineux des faits et l'enchaînement logique des idées, en une seule page, en une seule ligne, d'un seul trait, je ferais la lumière dans tous les esprits, j'irais droit au cœur de mon sujet, je terrasserais, presque sans combat, mes adversaires, et je délierais, ou, au besoin, je trancherais le nœud de mon problème !

Mais, malheureusement, ma plume n'est qu'une plume d'homme, et, si brièvement, si simplement, si clairement que je traite ma thèse, je tremble de n'avoir ni le temps, ni le talent d'être ni assez bref, ni assez simple, ni assez clair.

Trêve donc de toute considération générale qui ne serait pas absolument nécessaire à l'intelligence de notre question, et contentons-nous, avant d'en aborder la discussion de front, d'écarter de nos pas le fantôme qui en assiége le seuil, et nous en barre l'accès !

Ce fantôme, c'est le préjugé ! et le préjugé, nous l'avons déjà dit, c'est l'ennemi contre lequel nous avons résolu d'engager une lutte à outrance, un duel corps à corps ; ennemi redoutable sans doute, mais ennemi non invincible, puisqu'il suffit de le connaître, pour en conjurer la puissance et en déjouer les efforts.

Il est des gens, plus nombreux qu'on ne pense, qui croient d'autant plus facilement une chose qu'elle est plus incroyable. Ces gens-là répèteraient volontiers, en la détournant de son véritable sens, cette parole si peu comprise et si mal interprétée d'un Père de l'Eglise : « *Credo, quia absurdum!* Je crois cela, parce que c'est absurde ; cela ne peut pas être, donc cela est! » Dites-leur qu'une montagne a accouché d'une souris, ou qu'une souris a accouché d'une montagne! Pareils à ces fanatiques fidèles du Coran, pour qui rien n'était impossible à Mahomet, pas même les plus absurdes prodiges, ils croiront sans peine tout ce qu'il vous plaira de leur faire accroire, et leur crédulité n'aura d'autre mesure, d'autres limites, que l'incrédibilité de vos fables. C'est ainsi qu'un haut employé, ayant imaginé je ne sais à quel propos, ou plutôt je le sais et je le dirai plus tard, d'affirmer que M. d'Hérisson avait voulu tuer d'un coup de revolver le directeur-général du ministère de l'intérieur, et cette imagination, ayant fait, Dieu sait avec quelle rapidité! le tour de ses bureaux, il en sortit, vague et sans consistance d'abord, puis un peu plus déterminé et avec quelque vraisemblance, puis enfin, prenant la forme nettement dessinée d'un fait certain et positif, l'histoire, l'absurde, *l'incroyable* histoire d'une tentative d'assassinat !

Or, inutilement M. d'Hérisson expliquera-t-il, et même, la déclaration de M. de Saint-Paul à la main, démontrera-t-il que cette fantastique histoire repose tout bonnement sur ces mots, par lui prononcés devant celui-ci, en lui montrant un pistolet de poche qu'il portait habituellement sur lui : « Si j'ai le malheur de succomber sous les injustes accusations dont je suis l'objet, il ne me reste plus qu'à me brûler la cervelle! » Quand, plus tard, il se présentera dans les bureaux du ministère — vivement et sérieusement — il s'entendra reprocher comme un impardonnable crime, opposant à ses réclamations la plus radicale et la plus insurmontable fin de non-recevoir, le plus despotique et le plus inflexible *veto*, un fait qui n'existe pas, un conte à la façon d'Hoffmann ou d'Edgard Poë, une vaine imagination enfin, qui précisément parce qu'elle est sans réalité, aura le privilége d'être crue !

De là, contre M. d’Hérisson un perpétuel *préjugé* d’indignité administrative, dispensant, *ipso facto*, de tout examen préalable, approfondi, de sa demande en réintégration,
l’autorité chargée de la juger.

Je dis *préjugé* et je maintiens le mot ; car, qu’est-ce que,
je vous prie, qu’un préjugé ? N’est-ce pas un jugement, ou
mieux, une opinion sans motif, ou dont les motifs, si motifs
il y a, peuvent se formuler en ces termes : *cela* est, parce
qu’*on* dit, *on* pense que *cela* est ; ou encore : pourquoi *cela*
ne serait-il pas ? Singulière et commode manière de juger
qui vous permet de prononcer *ex cathedrâ* sur toutes choses, sans rechercher si *cela* est le fruit d’une hallucination
insensée, le rêve d’un cerveau en délire, l’expression mé-
chante et mensongère d’une passion occulte, inavouable,
désespérée ! Mais est-ce là, je le demande à tout homme
qui a le sens de la justice, est-ce là la mission, le devoir,
l’œuvre du juge ? Est-ce là juger après examen, avec conscience et science, avec nombre, poids et mesure ? Non !
non ! préjuger n’est pas juger ! —Le préjugé, c’est l’ombre,
c’est le nuage, c’est la nuit, c’est l’erreur ; le jugement, au
contraire, c’est la lumière, c’est le soleil, c’est le jour, c’est
la vérité. — Le préjugé, c’est encore le bruit, l’impression
venant du dehors, bruit ordinairement trompeur, impression trop souvent décevante. — Le jugement, c’est la voix
intime de la conscience, c’est l’écho secret de la voix de
Dieu, et cette voix et cet écho sont l’image, presque toujours fidèle, de la vérité. — Le préjugé enfin, c’est le sophisme qui empoisonne Socrate et crucifie le Christ, et le
jugement, c’est la droite raison qui salue — avec admira-
tion, dans le fils de Sophronisque, le plus grand des philo-
sophes, un homme divin — avec adoration, dans le fils de
Marie, — le plus parfait des hommes, l’Homme-Dieu !
O vous donc à qui est échu la terrible fonction de juger
vos semblables, ah ! je vous en supplie, jugez ! mais ne
préjugez pas !

V

Pour déblayer, dès à présent, le terrain sur lequel nous allons établir notre thèse, exposons d'abord les principales objections que nos adversaires dirigent ou peuvent diriger contre elle, — oui ! répétons le, *peuvent* diriger contre elle ! car, fidèle à la méthode de discussion qui nous est chère, ici comme ailleurs, nous prendrons « le taureau par les cornes » et, plutôt que de mériter le reproche de voiler, de dissimuler, ou d'atténuer en rien les objections, depuis la plus grave jusqu'à la plus légère, depuis la plus spécieuse jusqu'à la plus futile, nous encourrons celui de les mettre trop en relief, de les produire dans un trop grand jour, d'en grossir et d'en exagérer la force et la portée.

« —Ainsi donc, nous a-t-on dit, c'en est fait ! Malgré plus de quatre ans de vaines et stériles démarches, malgré quatre ans d'échecs réitérés et continus, vous avez décidément résolu de plaider une cause, d'avance et pour toujours perdue ! bien plus, une cause indigne de ce nom, une cause impossible ! car il s'agit ici d'un acte purement administratif, n'ayant rien de contentieux ! — Vous avez contre vous deux ennemis inéluctables : la chose jugée et le fait accompli.—Le pouvoir vous avait nommé, le pouvoir vous a révoqué ; c'était son droit !— peu importe que vous n'ayez pas été révoqué expressément : vous l'avez été tacitement. — En fait, depuis bientôt cinq ans, sans titre, sans fonctions, sans traitement, vous êtes hors des cadres de l'Administration ; à ses yeux, vous n'existez plus, vous n'êtes plus rien ! Où puiseriez-vous le droit de rentrer dans son sein, en dépit de l'autorité qui, si elle ne vous en a pas formellement exclu, ne vous traite pas moins comme si vous l'étiez, refusant impitoyablement de vous rouvrir ses portes ?—A tort ou à raison, vous en êtes dehors, et vous y resterez, tant qu'il ne lui plaira pas de vous rappeler gracieusement au dedans. — Et ne dites pas: Mais je n'ai pas mérité cette exclusion, et rien ne la justifie ! — Vous vous trompez ! il y a dix ans, vous avez subi une disgrâce ! c'en est assez pour rendre votre réhabilitation impossible. Et d'ailleurs, vous êtes jugé sans appel ! — Ne dites pas davantage : Je ne suis ni démissionnaire, ni révoqué, ni réformé ! donc j'appartiens encore à l'administration ! — En fait, oui ou non, en êtes-vous exclu ? Voilà toute la question ! Si *oui*, et cela est certain, qu'est-il besoin de vous exclure encore ? Ne vous êtes — vous pas exclu vous même, *ipso facto*, en désertant votre poste, pour un temps indéterminé, sans congé en bonne forme, sans autorisation préalable ? — Et, en vain, vous rabattriez-vous, à défaut du titre, de la fonction, et du traitement qui vous échappent sur une pension de retraite ou de réforme ou sur une indemnité temporaire ! vous savez bien que, faute par vous de remplir certaines conditions, vous n'y avez et vous ne pouvez y avoir aucun droit ! — Tout aussi vainement prétendriez-vous être en disponibilité ? Où est le décret qui vous y a mis ? La disponibilité ne se présume pas. — Bref, le ministre vous a dit, dans la plénitude de son pouvoir, sur ce point, souverain : *Expellam te de statione tuâ* (1). Il l'a dit et il l'a fait, il avait le droit de le dire et le droit de le faire ! Tout est fini pour vous ! résignez-vous à votre sort ! »

Voilà les objections !

Voici maintenant nos réponses :

VI.

« — Non ! ma cause n'est pas une cause perdue, irrévocablement perdue ! Comment le serait-elle ? elle n'est

(1) Isaïe.

pas encore jugée, et toutes choses d'ailleurs restant en l'état, dans leur *statu quo* actuel, elle ne peut pas, elle ne doit pas l'être ! — Assurément, l'acte dont je me plains *serait* un acte purement administratif, insusceptible d'être contentieusement attaqué ! mais cet acte n'existe pas, et, qui plus est, existât-il, je ne resterais pas sans recours contre lui, ne fût-ce que sous forme d'appel au ministre mieux informé. — Comment pourriez-vous m'opposer la chose jugée ? La chose jugée suppose un jugement, une décision judiciaire, et vous ne pouvez vous prévaloir contre moi ni de l'un, ni de l'autre, pas même d'une dé-cision ministérielle ! — Que me parlez-vous de fait ac-compli ? Tant qu'il n'est pas légalisé, tant que le temps ou toute autre circonstance ne l'a pas revêtu d'un carac-tère juridique, le fait accompli, le fait brutal ne saurait l'emporter ni sur le droit ni sur la raison, cette loi tacite ! Or, de prescription, vous le savez, il ne peut en être question entre nous : vous n'en avez pas même l'appa-rence ! — Oui, le pouvoir qui m'avait nommé magistrat amovible, avait le droit de me révoquer, mais à une condi-tion *sine quâ non*, à la condition de l'exercer dans les for-mes voulues ; or, il ne l'a ni expressément ni tacitement exercé. Et quand bien même, il l'aurait exercé tacitement, existe-t-il une révocation tacite ? Et, en cas d'affirmative, pareille révocation ne devrait-elle pas, à un moment donné, être expressément signifiée au fonctionnaire ainsi révoqué ? — En fait, je vous l'accorde, je ne suis plus dans les cadres de l'administration ; mais le fait, pas plus que la force, ne crée ni ne prime le droit — Qu'importe que je ne sois plus rien aux yeux de l'administration ? Oui ou non, suis-je quelque chose aux yeux du droit et de la loi ? tout est là ? De ce que vous pouvez me laisser hors des cadres, en ai-je moins le droit d'y rentrer ? — Vous exhumez en vain une disgrâce, depuis plus de neuf ans, et morte et en-terrée ! Vous n'avez ni le droit ni le pouvoir de la ressusciter! Subie, expiée, effacée, anéantie, des faits nouveaux vous autorisent-ils à lui rendre une nouvelle vie? mais je vous défie de m'en trouver un seul! — Vous osez m'accuser de désertion! Oui, j'ai forcément quitté un poste administratif également impossible et inutile à garder, mais ça été pour occuper volontairement, au péril de mes jours, un poste militaire, en face de l'ennemi!—Je n'avais ni autorisation ni congé régulier.— Allons donc! il vous sied bien de faire d'une question de vie ou de mort, d'une question de sang, une pure question de forme! Essayez donc de me faire un grief de mon patriotisme! — Quoi donc? vous me refusez jusqu'à une pension ou une indemnité temporaire? Quoi que vous en disiez, je remplis surabondamment les conditions exigées pour leur obtention. — Mais où est mon décret de disponibilité?— Où il est? Dans la force des choses, dans le plus vulgaire bon sens! En droit, sinon en fait, j'appartiens toujours à l'administration, et jusqu'à ce qu'elle me rappelle à son service actif, je serai, je ne pourrai pas ne pas être en disponibilité! — Je ne conteste pas au ministre le droit de me dire : *Expellam te !* Mais je soutiens qu'il ne l'a pas dit et qu'il ne me le dira pas—Prenez-en votre parti! Non! tout n'est pas fini pour moi! J'ai contre vous le droit, et comme Dieu qui en est le principe suprême, le droit est éternel! »

VII

Reprenons, pour les développer, chacune de ces objections et de ces réponses.

—Vous arguez contre moi de l'inutilité de mes démarches! — En vérité, vous avez bien mauvaise grâce à m'imputer un pareil grief! Ainsi donc, pour vous aussi,

l’effort n’est rien, et le succès est tout ? Eh bien ! oui !
toutes ou presque toutes mes démarches ont échoué. —
Mais savez-vous pourquoi ? Ah ! puisque vous le voulez,
il est temps que je vous le dise. Pourquoi ? Parce que
j’ai rencontré quelque part un de ces hommes haineux,
envieux, jaloux, qui s’est improvisé mon ennemi personnel,
et qui, simple petit rouage du grand mécanisme administratif, n’en a pas moins, poussé par un mobile puissant
comme l’*auri sacra fames*, (1) paralysé l’essor de tous mes
efforts ! Pourquoi encore ? Parce qu’il s’est trouvé tel
ancien administrateur, préfet de la Loire, directeur général
du personnel au ministère de l’intérieur, qui pouvant, par
quelques moments d’entretien, par la seule lecture de certains documents, se convaincre de mon innocence et
provoquer ou faciliter mon rappel à l’activité, n’a voulu
ni me recevoir, ni m’entendre, ni me lire, malgré une
lettre pressante d’introduction (2) que je devais à la bienveillance d’un de ses amis, lui aussi ancien et haut administrateur ! — Et cela, qui le croirait et comment le
croirais-je moi-même, si je ne le tenais d’une source certaine ? et cela, parce que lui eussai-je démontré, à lui, mon
accusateur ! que sa religion avait été trompée, il n’eût
jamais consenti à avouer qu’il m’avait accusé à tort !!!

Et d’ailleurs, que pouvez-vous conclure de la durée et
de l’inutilité jusqu’à ce jour de mes tentatives de réintégration ? Que mes droits sont prescrits ? que ma demande
est périmée ! Est-ce bien là ce que vous prétendez ? Mes
droits prescrits ! ma demande périmée ! *Proh pudor* ! Mais
en vertu de quelle loi ? Au nom de quel principe ? Entre
nous, comment peut-il être question de prescription ou
de péremption ? Depuis ma première démarche, tant de

(1) Quid non mortalia pectora cogit
    Auri sacra fames ?
(2) V. *Pièces justificatives* nᵒ XIV.

fois et toujours vainement renouvelée, qu'êtes-vous vis-à-vis de moi ? Un adversaire qui repousse mes légitimes prétentions ! Que suis-je vis-à-vis de vous ? Un adversaire aussi qui s'efforce de vous les faire accepter ! — Bref, vous et moi, nous sommes deux antogonistes qui, depuis cinq ans, ne cessons de croiser le fer l'un contre l'autre, et vous me traiteriez comme un lâche soldat qui déposerait honteusement ses armes, et, sur cette même arène, tant de fois témoin de nos luttes, s'agenouillerait à vos pieds et vous demanderait merci ! Non, non, mille fois non ! *Potius mori quam fœdari !* Entre vous et moi, pas de transaction ! pas de réconciliation ! pas de capitulation ! Vous êtes mon ennemi, et, tant que par vous justice ne me sera pas rendue, je serai, je continuerai d'être le vôtre ! Je vous ai combattu hier, je vous combats aujourd'hui, je vous combattrai demain, sans prescription ni péremption possibles ? *Contrà hostem œterna auctoritas esto !*

Mais, du reste, est-il exact de dire que les tentatives de M. d'Hérisson ont été complètement infructueuses ?

Ce serait se tromper que de taxer de refus universel, continu, ces fins de non-recevoir soulevées, depuis ces dernières années, contre les réclamations, les droits de mon client. En effet, dès le mois de mars 1871, alors que régnait, menaçante et triomphante à Paris, la Commune, alors que venait de tomber, sous les coups de sauvages assassins, un fonctionnaire civil, préfet de la Loire, l'infortuné de l'Espée, un autre fonctionnaire, ancien conseiller de préfecture de ce même département de la Loire, recevait, à Versailles, du ministre de l'intérieur, l'offre spontanée d'un poste périlleux susceptible de lui réserver le destin du Préfet assassiné. Et ce poste, M. d'Hérisson, résolu comme toujours à faire bon marché de sa vie pour la défense de sa patrie contre les ennemis du dedans et les ennemis du dehors, n'hésitait point à l'accepter. Mais le ministre, et M. E. Picard doit s'en souvenir, ne réalisa pas sa promesse vis-à-vis d'un fonctionnaire qu'il reconnaissait avoir fait acte de bon citoyen.

Somme toute, si vaine est restée jusqu'ici l'intervention bienveillante, chaleureuse et parfaitement motivée d'hommes éminents, tels que MM. de Civrac et Keller, de la sympathie de qui M. d'Hérisson ne saurait trop se féliciter, ces députés n'ont cessé de considérer comme une espèce de *déni de justice* le refus, obstinément et sans cesse opposé au rappel à l'activité d'une victime de la guerre et de la révolution (1).

— Vous plaidez, nous dit-on, une cause perdue. Eh bien soit! Perdue pour vous sans doute, mais non pour nous! car mon client et moi sommes persuadés que nous devons finir par la gagner! Est-ce donc la première fois que, grâce à une soudaine et éclatante revanche, le vaincu de la veille deviendrait le vainqueur du lendemain? Une cause perdue? expliquons-nous! Perdue devant un employé plus ou moins élevé, devant quelques-uns de ses subordonnés ou de ses auxiliaires, devant des esprits légers, irréfléchis, tout imprégnés de préjugés contre M. d'Hérisson, peut-être! Mais devant des esprits graves et sérieux, étrangers à tout préjugé et à toute prévention, devant la raison, le droit et la justice, devant le ministre ou le chef de l'Etat, incarnation vivante de ces trois grandes choses, très-certainement non! Non! vous dis-je! Et en cela rien d'étonnant! Que de droits ont définitivement succombé, auxquels il ne manqua pour triompher, aux yeux de tous, que d'être fortement et intrépidement soutenus! Que d'autres, au contraire, n'ont dû leur triomphe qu'aux longs et persévérants efforts de ceux à qui appartenait ou qui s'étaient imposé le devoir de les soutenir envers et contre

(1) V. *Pièces justificatives*, la note au comte de Civrac, n° XX.

tous ! Or, M. d'Hérisson est de la race des forts, du petit nombre d'hommes inébranlables, qui, la poitrine couverte d'un triple airain, bravent audacieusement les flots et les tempêtes de l'injustice, et dont le frêle esquif, alors même qu'il sombre ou semble sombrer sous les vagues amoncelées, n'en poursuit pas moins sûrement sa marche agitée, mais certaine, vers les rivages bénis de la justice. Il a conscience de son droit, il a foi en lui, il croit que le droit, le droit de ne pas être exclu de ses fonctions, sans exclusion légalement existante, légalement prononcée, légalement portée à sa connaissance, doit être tôt ou tard reconnu, proclamé, sanctionné en sa faveur. Il le croit et, (pourquoi ne le dirais-je pas ?), et sa foi, s'il le faut, transportera les montagnes et vaincra le monde... de ses adversaires ?

C'est qu'il s'agit pour lui de combattre, *pro focis et aris*, de vaincre ou de mourir pour ce qu'il a de plus sacré sur cette terre, pour son droit, pour son honneur, pour sa vie morale ! Le jour où on lui a dit, ou plutôt on a paru lui dire ! « L'administration ne veut plus de vous ; vos services civils, vos services militaires, elle ne veut en tenir, elle ne vous en tient aucun compte ! rien de tout cela ne vous confère ni droit à une réintégration, ni droit à une pension de retraite, pas même à une pension ou à une indemnité temporaire de réforme ! » ce jour-là, savez-vous quel mal vous lui avez fait, à lui, fonctionnaire, sans ou presque sans fortune pécuniaire ? Vous lui avez enlevé une fortune bien autrement précieuse, bien autrement nécessaire, sa fortune morale, la considération, l'estime, le respect, trois choses dont est faite, si j'ose ainsi parler, la couronne civique de notre temps ! — C'est qu'en effet, aux yeux du vulgaire, aux yeux de tous ceux qui le connaissent peu, qui ne le connaissent pas, ou, qui pis est, le connaissent mal, sa position est celle d'un citoyen frappé d'une sorte d'anathème, d'un homme, à tort ou à raison, exclu, révoqué ou destitué de ses fonctions, et, par voie de conséquence, *diminué*, déconsidéré, peut-être même flétri, en un mot (que l'on me passe cette expression toute romaine), d'un fonctionnaire *capite minutus* au premier chef, civilement et partiellement décapité !

Or, qui ne voit, qui ne sent l'étrangeté, pour ne rien dire de plus, d'un pareil langage ? Et faut-il s'étonner que mon client s'acharne à reclamer la seule réparation qui puisse égaler le préjudice qui lui a été causé, la réparation tout à la fois matérielle et morale qu'il a vainement sollicitée jusqu'à ce jour, et qu'il revendique une dernière fois aujourd'hui, je veux dire son rappel à l'activité, sa réinstallation dans ses fonctions, une position, sinon supérieure, au moins égale et, même sous certains rapports, préférable à celle qu'il occupait avant la guerre ?

Je sais bien qu'à tout prendre, aux yeux de la loi et de tous ceux qui savent distinguer entre une révocation et la position anormale de mon client, nulle tache ne souille la pureté de son blason ! Mais ce que je sais aussi, c'est que, pour quiconque est incapable de faire cette distinction, et qui, ayant vu M. d'Hérisson exercer des fonctions publiques, a cessé de les lui voir exercer, il est impossible que cette position ne soit le résultat d'une faute, d'une indignité, suivies d'une destitution. Ce que je sais encore, c'est que pour bien des gens, un fonctionnaire sans fonctions n'est plus un fonctionnaire, et que son inactivité, quelle qu'en soit la cause, suppose une mesure ayant le caractère d'une révocation ou d'une destitution !

Cela étant, pourquoi mon client renoncerait-il à sa cause comme on renonce à une cause perdue d'avance ? Fût-elle désespérée, il devrait, sous peine de honteuse défaillance et de lâcheté, ne rien négliger et ne rien épargner pour ne pas la perdre, s'attachant à elle comme cet indomptable Spartiate au navire qui seul pouvait le sauver des horreurs d'une mort imminente et prévue, au milieu des flots d'une mer courroucée. Mais si, et telle est notre conviction, si tout se réunit pour en assurer le succès, que ne fera-t-il, que ne devra-t-il pas faire pour la gagner ?

—Illusion et chimère ! vous vous débattez inutilement contre un acte de pure administration, émanant du pouvoir souverain du ministre, acte souverain lui-même, devant lequel, fonctionnaire administratif amovible et révocable, vous n'avez qu'à vous incliner et vous taire ! — Qu'est-ce à dire ? Le fonctionnaire révocable sera-t-il entre les mains du ministre, *sicut baculus*, comme un bâton dans la main d'un vieillard, ou même, pour me servir d'une locution fameuse, *perindè ac cadavèr* ? Ah ! si au lieu d'être contraint d'accepter, telle qu'elle est, la loi organique des fonctionnaires publics en général, et des conseillers de préfecture en particulier, j'étais appelé à la créer telle qu'elle doit être, que de choses j'aurais à dire ici sur les graves inconvénients d'un pouvoir sans autre contrôle que celui de la personne même qui l'exerce, c'est-à-dire sans aucun contrôle !

N'en signalons qu'un seul, mais bien propre, je crois, à limiter, en fait, un pouvoir illimité en droit.

Si ce pouvoir était ce que vous prétendez, qui donc, je vous prie, consentirait à briguer le périlleux honneur d'entrer dans les fonctions publiques ? qui oserait s'exposer de gaîté de cœur, aux dangers de perdre, sans motifs sérieux, une position, il est vrai, honorable et honorée, mais pouvant, du matin au soir, disparaître comme un mirage trompeur, ou s'effondrer comme un édifice sans base ?— L'homme a naturellement horreur de l'incertain, du chanceux, de l'aléatoire. Or, quoi de plus diamétralement contraire à cette disposition instinctive, que des emplois dépendant de l'arbitraire, du bon plaisir d'un homme, qui, si juste soit-il, n'en est pas moins faillible en sa qualité d'homme ? Qui serait assez follement téméraire pour braver cette nouvelle épée de Damoclès, toujours suspendue sur sa tête, quoi qu'il fasse, d'ailleurs, pour l'en détourner?

Voilà pour le fonctionnaire.

Mais que dire de la fonction, si elle n'est pas qu'administrative, si elle est encore judiciaire comme celle d'un conseiller de préfecture amovible, révocable à volonté? Qu'est-ce que la justice, sans l'indépendance du magistrat qui la rend, et qui sera assez confiant en celui-ci, pour croire qu'il n'aura jamais en vue que l'intérêt public?

Voyez plutôt! Là même où la magistrature est amovible, le législateur a cru devoir accorder au magistrat certaines garanties d'existence et de stabilité. C'est ainsi que les magistrats d'Algérie, bien qu'amovibles et partant révocables, ne sont pas, tant s'en faut, dans l'absolue et despotique dépendance du ministre de la justice, et, quoiqu'il ne fût peut-être pas difficile de signaler quelques lacunes, quelques *desiderata* dans le droit d'observations et de défense qui appartient au magistrat dont la position est, à tort où à raison, compromise ou menacée, encore sommes-nous heureux de convenir qu'il ne serait ni juste ni possible d'assimiler la révocation d'un pareil magistrat, révocation motivée et contradictoire, à la révocation *ad nutum* et, pour ainsi dire, *sinè causâ*, des magistrats administratifs et de certains fonctionnaires.

Mais à quoi bon ces réflexions? le ministre a-t-il, ou n'a-t-il pas un pouvoir absolu de révocation *ad nutum?*

A Dieu ne plaise que, même sous l'égide d'un maître illustre (1), je tente de démontrer, sans efforts et sans peine, qu'à l'instar des juges *judiciaires*, les juges admi-

(1) Vivien, *Etudes administratives.*

nistratifs devraient être inamovibles, et garantis ainsi contre la faillibilité d'un tout-puissant ministre, —ou bien encore, que, me plaçant sous le patronage d'un haut magistrat (1), je me demande « comment il se fait qu'en France les fonctions civiles ne trouvent à peu près aucune protection contre les surprises et les mesures *ab irato!* » J'aime mieux concéder, puisque la loi le veut, la révocabilité à volonté des conseillers de préfecture. Oui! les juges administratifs sont révocables, *motu proprio*, sans autre garantie que la justice de leur grand-chef hiérarchique! oui! d'un signe de sa main, d'un clignement de ses yeux, d'un froncement de ses sourcils, *ad nutum*, ce chef pourra, nouveau Jupiter (2), faire trembler à son gré tout l'Olympe administratif! Mais encore faudra-t-il que ce signe, ce clignement, ce froncement, il les fasse, il les manifeste, il les révèle, il les notifie ; en d'autres termes, qu'il ne trouve pas trop au-dessous de son omnipotence de déclarer, directement ou indirectement, pourquoi il agit ainsi ! Autrement, il lui serait permis de répondre dédaigneusement au malheureux fonctionnaire atteint de sa foudre :

> *Sic volo, sic jubeo! sit pro ratione voluntas !*

Mais, proclamons le hautement! Si omnipotent que soit un ministre, il est à peu près inoui qu'il use despotiquement et arbitrairement de son omnipotence. C'est ainsi que, bien qu'aux termes de l'article 92 de la loi du 27 ventôse an VIII, les greffiers des tribunaux soient révocables à la volonté du premier Consul, il est, je crois, sans exemple, qu'aucun Chef de l'Etat, pas même le premier Consul, en ait révoqué un seul, sans lui avoir fait connaître préalablement le motif de sa révocation, et l'avoir mis en

---

(1) M. Reverchon, avocat-général près la cour de cassation. V. Dalloz, 2, 6, 1874, I, p. 73.

(2) *Annuit, et tonum nutu tremefecit Olympum.* Virg.

demeure de s'expliquer ou de se défendre. C'est qu'à défaut de lois, de garanties légales écrites dans nos Codes, les serviteurs de l'Etat, quels que soient leurs titres et leurs fonctions, sont protégés contre les erreurs de l'autorité dont ils dépendent par la conscience publique et le bon sens public — par la conscience ! le bon sens public — véritables Mentors du Pouvoir, qui, suivant les circonstances, le défendent contre les tentations du despotisme, l'arrêtent sur la pente de l'arbitraire, le prémunissent contre les erreurs d'un jugement prématuré, passionné, précipité !

C'est encore que de tout pouvoir ministériel, on peut et on doit dire ce qu'avec un grand Apôtre (1) disait un grand Docteur (2) : il est divin dans son origine, en tant qu'émanant de Dieu, auteur de l'ordre et de la société ; humain dans son application exercé qu'il est par des enfants d'Adam, soumis à toutes les erreurs et à toutes les misères de l'humanité. Eh ! de bonne foi, à qui fera-t-on croire que jamais en France, sur cette terre de franchise et de liberté, pas même sous le Roi-Soleil ou sous l'Empereur-Aigle, un fonctionnaire public puisse être considéré comme la chose absolue du Pouvoir, ou comme ce Solitaire du desert de Nitrie qui devait ne rien entendre, ne rien voir et ne rien dire ? Non ! tel il n'est pas, tel il ne fut jamais, et je le dis à l'honneur de l'Administration française, — toujours, même à des époques désastreuses pour la liberté, elle répudia théoriquement et pratiquement, toutes les traditions et tous les errements des Satrapes et des Vizirs !

Après tout, n'est-ce pas déjà bien assez pour elle de briser, quand elle le croit, à tort ou à raison, utile ou nécessaire, la carrière de ses serviteurs, comme le potier brise le vase dont il n'est pas content ? Et puis, qui donc oserait lui faire l'injure de penser, un seul instant,

(1) S. Paul.
(2) S. Chrysostome.

qu'entre ses mains ce pouvoir ne soit pas, purement et simplement, un pouvoir préventif et comminatoire, plutôt qu'un pouvoir effectif? Oui! sans doute, il semble, de prime abord, qu'entre le coup et la menace il n'y a pas il n'y aura pas loin. Mais, disons-le encore à sa louange, grâce à ses procédés habituels, à son esprit de bienveillance, de modération et d'équité, il n'y a pas moins, en réalité, que la distance immense qui sépare le bon plaisir, d'une *juste cause*, l'arbitraire, de la raison, le caprice, du droit!

Et en ceci, hâtons-nous de le proclamer, ils imitent, sans s'en douter peut-être, le bel exemple de ces Césars romains qui, malgré leur toute puissance civile et religieuse, reculant, pour ainsi dire, épouvantés devant leur droit absolu de révoquer leurs présidents de province, ne les destituaient jamais, *sinè causa*, qu'en pleine connaissance de cause.

Mais où me laissé-je entraîner, quand il me serait si facile de pulvériser d'un seul mot, sur ce point, l'argumentation de nos adversaires! Administratif ou contentieux, l'acte dont vous vous armez contre moi, comme d'une vraie tête de Méduse, eh bien! il n'existe pas! Et, ici, pas d'équivoque! Pour que cet acte existât, il ne suffirait pas qu'en vertu de tel ou tel fait, émanant soit du gouvernement, soit de tout autre source, un fonctionnaire eût pu acquérir ou eût acquis la certitude morale qu'il a cessé d'être compté parmi les membres de l'administration; il faudrait encore que ce fait fût constaté, formulé par un acte écrit (*instrumentum*), lui en donnant cette certitude matérielle, que rien, ni paroles ni silence ne pourrait suppléer. Donc, entre l'administration et M. d'Hérisson, se pose cette question : Oui ou non, lui a-t-il été *écrit*, par le pouvoir compétent, qu'il n'était plus conseiller de préfecture? On pouvait le lui écrire de deux manières : ou explicitement dans un décret de révocation, ou implicitement dans un décret lui nommant un successeur. Or, vous ne lui avez écrit ni de l'une ni de l'autre. Vous pouviez le révoquer, et vous ne l'avez pas révoqué ; quant à le remplacer, vous ne le pouviez pas. Et pourtant, pas de milieu! Ou il faut que vous *l'ôtiez de là*, et alors c'est une révocation. Ou il faut que vous *y mettiez* un autre, et alors c'est un remplacement. Si donc il n'est ni révoqué ni remplacé, c'est qu'il est resté, c'est qu'il reste ce qu'il était vis-à-vis de l'administration ; c'est que, quoique vous en disiez, il est toujours en *place*. Nul *acte* de votre part, nul *mouvement* de la sienne! comment serait-il *déplacé?*

Mais, allons plus loin! Supposons qu'un acte existe, et qu'il a été fait dans la plénitude du pouvoir compétent ! N'y aurait-il pour M. d'Hérisson aucun recours contre cet acte? S'il démontre au ministre qu'il s'est trompé, ne pourra-t-il pas appeler du ministre mal informé au ministre mieux informé? Oui, sans doute, et, à tout prendre, ce recours n'est pas peu de chose! Il sera bien souvent, pour le fonctionnaire naufragé, comme une dernière planche de salut. Un ministre peut se tromper, mais c'est sans le vouloir; il est faillible, mais il n'est pas injuste. Qu'il soit enfin convaincu de son erreur, et il s'empressera de reconnaître, en plein *Journal officiel*, ce que le roi Charles V ne craignit pas de reconnaître en plein Parlement : qu'à son insu et malgré lui, il lui est advenu d'agir *contre raison et justice*.

—Est-il vrai que M. d'Hérisson ait affaire à deux invincibles adversaires : la chose jugée, avec son indomptable

puissance, le fait accompli, avec ses conséquences irré-
fragables ?

La chose jugée ! Mais voilà près de cinq ans qu'il vous
la demande, qu'il vous la fait demander, tout à la fois
comme acte de justice et comme une faveur, et il l'attend
encore ! Il vous était pourtant si facile de lui répondre oui
ou non ! Et cependant cette réponse, si souvent et si
ardemment sollicitée, vous ne la lui avez pas faite, et il
en est encore à douter si vous la lui ferez jamais ! Quoi
donc ? Ajourner indéfiniment un jugement, aujourd'hui
par négligence, demain par prévention, après-demain par
inertie, plus tard par un silence obstiné, plus tard encore
par un dédain méprisant, est-ce juger ? Assez d'ajournement !
plus de retard ! Bien ou mal, jugez-moi, vous crie-t-il, jugez-
moi, je vous en conjure ! Je ne puis, je ne veux pas gémir
plus longtemps dans les tortures de l'incertitude !

Le fait accompli ! Expliquons-nous ! Appelez-vous ainsi
l'impossibilité toute materielle où vous m'avez jeté d'ê-
tre réinstallé dans mes fonctions et d'en toucher le traitement ? Mais cette impossibilité de fait entraîne-t-elle
contre moi une impossibilité de droit ? Qu'est-ce, je vous
prie, juridiquement parlant, qu'est-ce qu'un fait d'où ne
sort aucun droit, ou un droit qui ne s'applique à aucun
fait ? une réalité stérile, une impuissante abstraction,
rien de plus !

— Le pouvoir qui vous avait institué vous a destitué ;
vous n'avez donc pas à vous plaindre ! c'était son droit.

— Sans doute, mais l'a-t-il exercé ?

— Oui ! mais tacitement, et cela suffit.

D'ailleurs, pour soutenir le contraire, sur quoi vous
fondez-vous ?

— Sur la nécessité d'une tévalation expresse. Ce que
m'a donné un decret, un decret seul peut me l'ôter !

Et pourquoi n'en serait-il pas ainsi? Le titre d'un fonctionnaire public, qu'il soit ou ne soit pas révocable *ad nutum,* n'est-il pas sa propriété? propriété précaire, à certains égards, je l'avoue; mais, enfin, propriété sacrée et inviolable, à bien d'autres. Tant la nature, la force des choses et l'influence des mœurs publiques qui en sont plus ou moins le reflet, protestent énergiquement contre toute institution purement conventionnelle, qui, directement ou indirectement, ou les viole ou les combat!

Et c'est de ce titre que vous prétendriez m'exproprier par simple *prétérition !!* Vous ne le pouvez pas, et je vous mets au défi de l'oser!

Que n'avez-vous le courage de vos convictions et de vos actes!

Eh! soyez donc logique, et osez descendre jusqu'au fond de l'abîme qui s'ouvre sous vos pas! A mes réclamations et sollicitations pendant près de cinq ans, vous n'avez guère encore opposé que votre inertie et votre silence. Mais, puisque je suis révocable, — si je puis, si je dois être révoqué, — pourquoi donc ne me révoquez-vous pas? Vous fixeriez ma situation vis-à-vis de vous, et ne me condamneriez pas à me bercer de chimériques espérances. Ah! n'est-ce pas pour moi le cas de vous dire, avec un président célèbre, à propos de certains mandataires d'un ordre élevé: *Nobiliùs ac mitiùs est agendum cum hujusce modi personis!* il est des fonctionnaires, et je suis de ce nombre, pour qui il faut avoir certains égards!

— Cela dit, est-il vrai, que mon client a été tacitement révoqué? Mais comment pourrait-il l'être?

Existe-il une révocation tacite? En thèse générale, le droit civil et le droit pénal (1) s'unissent pour répondre:

(1) Arg. art. 446 et suiv. 2003, 2004 et 2005 du Code civil. — 197, Code pénal.

Non! Il n'en existe pas! Et non seulement il faut que la révocation soit expresse; il faut encore qu'elle soit expressément et nominativement signifiée à celui qui en est l'objet. Pourquoi cela? parce que la révocation et tout ce qui, plus ou moins, lui ressemble: destitution, interdiction, suspension, revêt un caractère, en quelque sorte, pénal, et, comme toutes les peines, ne peut être appliqué qu'en vertu de dispositions expresses. Et puis, immatriculé, incorporé dans les cadres de l'administration, n'est-il pas naturel que je ne puisse en être exclu ou excommunié, que par un acte formel du pouvoir compétent, et que cet acte ne soit censé connu de moi, qu'autant qu'il m'aura été dûment signifié?

Mais la révocation tacite n'existerait-elle pas, *ipso facto*, par le seul fait de la suppression d'emploi? Non certes! et cela par une excellente raison: c'est que la suppression d'emploi n'a rien de commun, ni dans sa nature, ni dans ses effets avec la révocation. L'une suppose un fait, un événement tout-à-fait étranger à l'employé ou fonctionnaire, et loin de lui enlever tous ses droits, presque toujours lui en conserve quelques-uns; l'autre, au contraire, suppose un fait, un évènement imputable à la volonté du révoqué, et lui enlève tous les droits dont il jouissait avant sa révocation. La première est ordinairement fortuite, comme un accident ou un malheur; la seconde est toujours volontaire, comme tout crime ou tout délit.

Dira-t-on que, tous les jours, des révocations de juges de paix, de procureurs de la République, se font par simples décrets nommant leurs remplaçants, et que ces révocations, aussi bien que celles qui se font par cette commode formule: *appelé à d'autres fonctions*, sont des révocations tacites ou indirectes? Tacites? non! indirectes? oui! Mais ces révocations dans ce cas particulier, qui n'a rien de commun avec le nôtre, s'imposent, existent par la force des choses. Quand vous me faites savoir par l'*Offi-*

ciel qu'un successeur m'est donné, bien évidemment je ne conserve plus ma place, et je dois *m'en ôter* pour qu'un autre *s'y mette*. J'en dirai autant du cas où sous une forme *terriblement* polie et... banale, vous m'annoncez par la même voie que je suis promu à d'autres fonctions que vous n'indiquez pas, et pour lesquelles je ne puis ignorer que je ne serai jamais *élu*. Bien certainement, je cesse de remplir les mêmes fonctions, et celles que je remplissais, un autre désormais les remplit. Telle est la conséquence forcée, indiscutable, de l'*impénétrabilité* des fonctions et des fonctionnaires.

Or ici, comme nous allons voir, cette impénétrabilité n'existe pas; il ne s'agit pas de deux fonctionnaires pour une seule et même fonction, mais d'un fonctionnaire dont le poste a été supprimé par force majeure, et qui réclame un autre poste en remplacement de celui qu'il a forcément perdu. Doit-il être fait droit à sa réclamation, dès qu'un autre poste sera vacant ? *That is the question!*

Et puisque nous parlons *de suppression* d'emploi, entendons-nous sur le sens et la portée de cette expression.

' Suppression d'emploi ! Qu'est-ce-à-dire ? faut-il entendre ces mots dans un sens tellement littéral, tellement absolu, que par cela seul que, pour n'importe quelle cause, un emploi est supprimé, il y ait lieu à la suppression, ou tout au moins, à la réforme de l'employé ? S'agit-il tout à la fois du cas de suppression d'emploi pour cause d'inutilité, et du cas où, sans cesser d'être utile, cet emploi, ne pouvant plus être utilisé, et n'ayant plus sa raison d'être dans la même résidence administrative, la conserverait cependant dans une résidence différente ? Dans le premier cas, si l'emploi est unique, s'il n'est pas conséquemment *fongible*, s'il ne peut être remplacé par un autre emploi identique ou de même nature, je conçois à merveille l'application de notre article à notre espèce : l'emploi est supprimé, l'employé l'est aussi ; tout est dit, le destin de la force des choses a parlé. Dans le second cas, en sera-t-il de même! Assurément, ici encore l'intérêt public, commandant la suppression de l'emploi, commandera aussi la suppression de l'employé ; ici encore, l'intérêt public l'emportera sur l'intérêt particulier. Mais si cet emploi a des équivalents, s'il en existe d'autres identiques ou analogues, s'il est *remplaçable*, si, par exemple, un emploi de conseiller de préfecture étant supprimé pour cause d'invasion dans l'Alsace, il existe, soit au moment même, soit plus tard, dans le reste de la France, des vacances du même emploi, — je soutiens que l'équité, les convenances, une bienveillante interprétation du contrat tacite intervenu entre l'administration et le fonctionnaire supprimé, exigeront que ce dernier soit préféré à tout autre pour remplir une de ces vacances. Mais alors, remarquons le bien, il ne s'agira plus ni de pension ni d'indemnité, il s'agira de *replacement*, de réintégration. Et telle était sans doute la pensée du ministre qui, répondant du haut de la tribune nationale à une interpellation sur le sort réservé aux fonctionnaires Alsaciens-Lorrains, affirmait solennellement qu'ils « seraient les premiers replacés. »

Voilà pourquoi encore, après la guerre, quand des députés eux-mêmes sollicitaient près du gouvernement la nomination d'un candidat aux fonctions publiques, il leur était invariablement répondu dans chaque ministère : « Tant que tous les fonctionnaires Alsaciens-Lorrains n'auront pas été replacés, il ne sera rien fait en faveur de n'importe quel candidat. »

Mais, que dire de la suppression d'emploi pour cause de force majeure? Peut-on prétendre que l'invasion, par exemple, opère, *ipso facto*, cette suppression, et qu'à son tour la suppression, emportant implicitement une sorte de révocation, dans ce cas au moins, — il y a nécessairement révocation tacite?

La négative nous paraît certaine. Il y aura cessation,

suspension de fonctions, mais non suppression d'emploi, et pour qu'il y ait suppression, dans le sens légal du mot, il faudra quelque chose de plus que le fait brutal de l'invasion ; il faudra l'intervention de l'autorité par un acte spécial, prononçant la réforme de l'employé pour suppression de son emploi.

—Vous avez raison ! Entre l'administration et M. d'Hérisson, toute la question est de savoir si ou non celui-ci est hors des cadres administratifs, s'il en est exclu, si, administrativement, il n'est plus rien.

Or, M. d'Hérisson est aujourd'hui en droit ce qu'il était le jour de son enrôlement.

Je soutiens que ce qu'il était avant la guerre, il l'est encore après la paix. Or, avant la guerre, il était conseiller ! il en avait le titre, il en exerçait les fonctions, il en touchait le traitement; donc, encore, après la paix ! Et non-seulement en 1875, il est ce qu'il était en 1870; il est quelque chose de plus et de mieux : Aux services du fonctionnaire, il a joint les services du soldat, et à moins que les derniers ne fassent oublier les premiers, ne les éclipsent, au lieu d'en augmenter l'éclat, il faut reconnaître que, par la puissance d'un véritable *jus postliminii*, ses droits de conseiller, un instant assoupis, endormis, *sospita*, depuis la guerre, se sont réveillés depuis la paix ; qu'abstraction faite des mérites par lui acquis sur le champ de bataille, rien n'est changé dans sa place de fonctionnaire, et que, lui aussi, répondant à tous ceux qui, sous un prétexte ou sous un autre, voudraient l'en déposséder, peut s'écrier, à juste titre : *J'y suis, j'y reste !*

Oui ! mon client y est et y reste, ou, tout au moins, a le droit d'y être et d'y rester, et je le prouve :

Au point de vue, non de son rang, mais de l'exercice de ses fonctions, le fonctionnaire est, ou en activité ou en non activité. En activité, le mot dit assez ce qu'il est. — En non activité, cela veut dire que, tout en appartenant encore aux cadres de l'administration, il n'exerce pas ses fonctions, soit qu'il ait été réformé pour cause de suppression d'emploi ou pour tout autre cause, dans les cas prévus par la loi, soit qu'attendant le moment où il sera rappelé au service actif, le ministre l'ait mis en disponibilité. Or, il est à remarquer qu'à la rigueur, pour qu'il y ait lieu à l'état de disponibilité, il n'est pas nécessaire que la déclaration en soit faite par un acte quelconque de l'autorité; cet état résulte suffisamment de certains faits, de certaines circonstances; telles, par exemple, que la situation où se trouve forcément le fonctionnaire qui, après avoir momentanément, comme M. d'Hérisson, cessé ses fonctions à la suite d'une invasion, et, pour combattre l'envahisseur resté maître du pays où il les exerçait, demande à les exercer de nouveau dans un autre poste. Bien évidemment, jusqu'à ce qu'il soit fait droit à sa demande, et tant qu'il n'y sera pas fait droit, si, d'une part, il n'est pas en activité, d'autre part, il sera en droit d'y être, et, partant, il sera en disponibilité.

Pour qu'il en fût autrement, savez-vous ce qu'il faudrait? rien de moins que le contraire de ce qui est : il faudrait que M. d'Hérisson, resté sans emploi, fût également resté sans titre; que, conséquemment, il fût ou démissionnaire, ou réformé, ou révoqué, ou destitué, ou interdit, ou frappé d'une mesure administrative, de même nature qu'une révocation, ou d'une destitution.

Or, nous avons vu et nous savons qu'il n'est rien de tout cela. Donc, la disponibilité, voilà son état.

Et, sur ce point capital, nous sommes heureux de nous rencontrer avec un ancien fonctionnaire dont l'opinion a d'autant plus de poids qu'il l'a exprimée sous forme de consultation, en réponse aux questions qui lui avaient été posées par M. d'Hérisson lui-même (1).

Affirmons-le donc bien haut, pour nous comme pour lui et pour tous ceux qui croient qu'il n'y a pas de droit arbitraire contre le droit naturel, pas de droit fantaisiste contre le droit rigoureux, pas de droit imaginaire contre le droit réel, cette opinion, puisée dans la raison, le bon sens, l'équité, la justice, ne saurait être l'objet d'un doute pour personne et ne pourrait être victorieusement combattue que par un texte formel et décisif.

Trouvez-moi donc quelque part un texte qui me déclare ou me répute déchu, exclu de mes fonctions, par cela seul que je les ai momentanément quittées pour aller, de ma personne, combattre l'ennemi de mon pays, — avec l'intention *bien arrêtée* et hautement approuvée de les reprendre à mon retour ! Je vois bien çà et là des textes qui parlent de destitution, de révocation, d'interdiction, de réforme ! mais pas un d'eux, pas un, entendez-vous ! ne prévoit mon cas ni de près ni de loin. Or, en l'absence d'un texte précis, formel, topique, pouvez-vous m'infliger, sans injustice, une peine, et quelle peine, grand Dieu ! d'abord la privation des émoluments attachés à mes fonctions, mais ensuite, et c'est là ce qui me pèse le plus au cœur, la perte de l'honneur, qui en est l'indispensable conséquence et l'accessoire nécessaire ?

Mais voici un argument bien plus concluant encore ! Ce qui prouve que M. d'Hérisson n'est pas *légalement* et irrémissiblement hors des cadres de l'administration, c'est qu'un des meilleurs juges en pareille matière, M. de Goulard, ministre de l'intérieur, dans sa lettre du 7 février 1873, à M. le baron de Flaghac, député de la Haute-Loire,

(1) V. *Pièces justificatives*, n° V.

promet d'examiner attentivement *s'il est possible de le rappeler à l'activité*. Je souligne ces mots à bon escient. Si M. d'Hérisson n'avait ni été ni pu être en disponibilité aux yeux de ce ministre, s'il avait été incontestablement et définitivement hors des cadres de l'administration, M. de Goulard n'eût pas parlé de rappel (possible) à l'activité ! N'est en effet réappelable à l'activité que celui qui, n'y étant plus, n'a pourtant pas perdu tout droit, toute *possibilité* d'y être encore.

Et qu'on ne dise pas que M. de Goulard, loin d'affirmer que M. d'Hérisson peut être rappelé à l'activité, promet seulement d'examiner s'il sera *possible* de l'y rappeler. Qu'importe ? Dès l'instant qu'à ses yeux il peut être sérieusement question de faire rentrer dans le service actif le fonctionnaire qui en était sorti, c'est que ce fonctionnaire appartient encore au cadre de non-activité ou d'inactivité de l'administration, c'est qu'il n'en est pas exclu, c'est qu'il est simplement en disponibilité, et c'est là, en définitive, ce que demande mon client!

Mais, si, en droit, rien n'empêche de ranger M. d'Hérisson parmi les fonctionnaires en disponibilité, en est-il de même en fait? Sans aucun doute, puisque, malgré ses soixante ans et d'assez graves infirmités contractées pendant ses services militaires, M. d'Hérisson est, physiquement et intellectuellement, tout aussi capable aujourd'hui de continuer ses services civils qu'en 1870, lorsqu'éclata la guerre.

— Vous me demandez où je puise mon droit de rentrer ; (je dis, moi, de rester) dans les cadres de l'administration?

Je vous ai déjà répondu : Dans l'absence de tout acte, de toute décision qui m'en ait mis dehors, et j'ajoute : Dans l'absence de toute loi qui m'en exclue formellement.

Traitez-moi, tant que vous voudrez, comme un étranger! Ce que j'étais en fait, je le suis encore en droit, et à tous vos anathèmes, d'où qu'ils partent et sous quelque forme qu'ils me soient lancés, sauf la forme d'une révocation légalement certaine, je répondrai comme ce personnage de la scène antique, par un éternel : *Idem sum !*

— Mais mon client a commis trois fautes dont une seule suffirait pour l'exclure à jamais de ses fonctions : — séducteur d'une jeune fille, il a porté le déshonneur dans toute une famille, scandalisé une ville entière ; — dans un accès de colère furieuse, il a menacé de son revolver le directeur général de son administration ; — il a fréquenté publiquement et protégé ostensiblement un prétendu professeur de magnétisme, un charlatan exerçant illégalement la médecine.

Un mot seulement sur le premier grief. Outre qu'on l'a exagéré au-delà de toute mesure, il est à observer que les ennemis de M. d'Hérisson, loin de parvenir à en démontrer la réalité et l'importance, ont à peine réussi à laisser douter si, au lieu d'avoir été le séducteur de la jeune fille en question, M. d'Hérisson n'aurait pas été plutôt, et sous certains rapports, sa victime et sa dupe. Du reste, tout ce qu'il a pu faire pour épargner, soit à cette jeune fille, soit à sa famille, les suites naturelles de sa faute, il a offert de le faire, il l'a fait (1) ! Et il est constant, aux termes d'une lettre à lui écrite par son ancien collègue au Conseil de préfecture de la Loire, M. Bonnardet qui, mieux que personne, l'a pu constater *sur place*, que la faute de M. d'Hérisson n'a eu aucun éclat au dehors, et n'a été, ni la cause, ni l'occasion d'aucun scandale (2).

Est-ce à dire que la conduite de M. d'Hérisson, dans cette circonstance, n'ait rien eu de répréhensible ? Telle

(1) V. *Pièces justificatives*, n° XVI.
(2) V. *Pièces justificatives*, n° XVII.

n'est point notre pensée! il avait mérité un blâme, un blâme sévère, si l'on veut; mais au lieu de ce blâme, on lui a infligé une disgrâce. Conseiller de première classe à St-Etienne, il est descendu à un conseil de deuxième classe, à Colmar. D'un côté donc, la faute; mais de l'autre, la peine, c'est-à-dire l'expiation, le rachat, l'effacement, le dirai-je? l'amnistie, ce que les Romains appelaient si justement *restitutio in integrum*. La faute, c'était la dette; la peine, c'est la quittance. Pourquoi parler encore de la dette? La quittance vous le défend!

Persistez-vous à en parler? Eh! bien soit! Heureuse faute, dirai-je, volontiers, qui a inspiré la pensée, donné la force et fourni le moyen à mon client de se racheter devant Dieu, devant sa conscience, devant l'administration, et, au besoin, devant la société, de ce qu'il pouvait y avoir de répréhensible en lui à une époque déjà bien éloignée!

— Et que serait-ce, si, me prévalant de la grave opinion d'un magistrat (1) aussi austère qu'éminent, sur la conduite d'un notaire qui avait « obtenu les faiblesses d'une jeune fille », au grand scandale du village où il avait sa résidence, je prouvais que des faits de la nature de ceux qu'on reproche au conseiller de préfecture ne devaient pas même être frappés d'une peine disciplinaire?

Quant au second grief, qu'ajouterai-je à ce que nous en avons déjà dit (2)? Une courte observation et un fait péremptoire?

Si la fraude, si la mauvaise foi ne se présument pas, moins encore le crime, et quel crime, s'il vous plait?

___

(1) Le Procureur général près la Cour de Paris. Lettre du 21 mars 1821 à l'un de ses substituts. — V. Dalloz. *Repert.* vᵒ Discipline judiciaire, nᵒ 16. — Et *Pièces justificatives et notes*, nᵒ XXII.

(2) Page 16.

l'assassinat, ou, ce qui est la même chose, la tentative
d'assassinat! Quoi donc! est-ce possible? Vous pensez,
vous dites, vous autorisez à penser et à dire que je suis
un assassin, et vous ne le prouvez pas! Pour moi, je
pourrais me contenter de vous dire : Je plaide « non coupable, » à vous de prouver que je le suis! Mais fort heureusement, bien que je ne sois point obligé de vous prouver
mon innocence, tandis que vous l'êtes de prouver ma
culpabilité, je tiens en mains, et je puis la montrer à
tous, la preuve certaine de la fausseté, de la perfidie de
votre accusation : c'est la déclaration suivante qu'a bien
voulu me remettre, uniquemment pour rendre hommage
à la vérité, et venir en aide à une victime du mensonge,
l'homme que, d'après vous, j'aurais tenté d'assassiner! La
voici, claire et courte, précise et concluante :

Je soussigné déclare, sur la demande qui vient de lui être faite par
M. d'Hérisson, ancien conseiller de préfecture, que lorsqu'il fut envoyé de St-Etienne à Colmar, en 1866, *il ne m'a jamais menacé de
son revolver.*

M. d'Hérisson, ayant à cette époque la crainte d'être révoqué, vint
dans mon cabinet au ministère de l'intérieur, pour me dire que si cette
mesure était prise contre lui, il ne lui resterait plus en perspective
que le déshonneur et la misère. — En achevant cette phrase, il tira
un revolver de sa poche et me le montra en disant : Voilà, Monsieur
le Directeur-général, ma seule ressource! je n'aurai plus qu'à me
brûler la cervelle!

C'est sans doute cet incident qui a accrédité la pensée d'une menace
qui n'a pas eu lieu.

Paris, 25 mai 1874.

Signé : G. DE St-PAUL,

Ancien directeur-général au ministère de l'intérieur.

Glissons tout aussi rapidement sur le troisième grief.

. Soyez donc sincères ! En élevant contre moi un si étrange et si injuste reproche, ce que vous voulez frapper en moi, c'est moins le partisan du magnétisme que le magnétisme lui-même, — comme si le magnétisme, cette puissance presque *surnaturelle* de la nature, qu'un illustre orateur appelait « une échappée d'un monde extra-humain, » avait quelque chose à démêler avec tel ou tel fait imputable à ses partisans intéressés et hypocrites ! — comme si l'abus d'une chose devait nécessairement en faire interdire l'usage ! On n'abuse que des bonnes choses ! N'abuse-t-on pas de la religion, et Tartufe, de Dieu ?

Je regrette de ne pouvoir ici examiner à fond la doctrine du magnétisme. Je n'aurais pas de peine à forcer ses plus acharnés détracteurs, ses plus systématiques contempteurs au silence prudent et respectueux d'un doute sérieux et raisonné. En faveur de ma thèse, — depuis Lacordaire (1) jusqu'à Landriot (2), depuis Broussais jusqu'à Elliotson, — l'autorité des grands noms de la science médicale et de la théologie ne me ferait certes pas défaut, et je prouverais surabondamment qu'à aucun point de vue, il n'était possible, il n'était raisonnable de faire un grief à M. d'Hérisson d'avoir eu pour les études, les recherches, les expériences magnétiques, les goûts, les sympathies, l'entraînement, si l'on veut, de plus d'un haut et puissant personnage (3) de la fin du siècle dernier et de notre temps.

(1) V. *Pièces justificatives*, nº XIX.
(2) Mort tout récemment archevêque de Reims.
(3) Entr'autres les généraux de Puységur et Noizet, le professeur Deleuze, plusieurs princes de la cour de Louis XVI, le prince G. de

Je conçois, à la rigueur, que les phénomènes de cette importance, considérés dans leur étiologie, puissent soulever quelque doute, et que, faute de pouvoir se rendre compte de faits rattachant cette cause, plus ou moins inconnue, à des effets constants et certains, vous n'osiez affirmer scientifiquement la réalité du fluide magnétique. Mais un doute autorise-t-il le ridicule, le sarcasme, la persécution? Non! En bonne logique, il n'autorise que la liberté d'admettre ou de rejeter. *In dubiis libertas !*

Quoi qu'il en soit, M. d'Hérisson, a-t-il sciemment patroné un magnétiseur, pour mieux dire, un escroc, un fripon?

Après le sophisme qui prend l'espèce pour le genre, et réciproquement, en connaissez-vous un de plus commun, et, qui pis est, de plus irrationnel, que celui qui consiste à établir un rapport de causalité entre deux choses qui ne sont liées entre elles que par des rapports de succession ou de temps? Telle chose est arrivée après telle autre : donc celle-ci tient à celle-là, comme l'effet à la cause; celle qui vient après procède de celle qui vient avant; *post hoc, ergo propter hoc !* Voilà précisément comment on raisonne contre M. d'Hérisson ! On lui dit : Vous avez patroné M. B..., un magnétiseur charlatan : or, cet étrange client, assurément bien digne d'un patron administratif, a eu plus tard à compter avec la police correctionnelle ! Donc, vous avez eu tort de le patroner.

—Mais, répond M. d'Hérisson, parce que, comme tant d'autres, j'aurais été trompé (1) par un malhonnête homme, que je croyais un honnête homme, suis-je donc un malhon-

Montmorency, Cuvier, Laplace, Orfila, doyen de la Faculté de médecine de Paris, etc.

(1) Par de nombreux certificats falsifiés et revêtus de la signature des sommités de l'aristocratie de Belgique et autres pays étrangers.

nête homme moi-même? Mais, où en serions-nous, si, pour avoir serré la main d'un escroc que je croyais un homme probe, j'étais condamné à passer pour son complice, ou tout au moins pour un homme de son acabit? — Ah! vous le savez bien, cela ne peut, cela ne doit pas être! A chacun la responsabilité de ses actes. — Etre trompé par un homme coupable, ce n'est pas partager sa culpabilité.

Prouvez-moi donc que, de près ou de loin, j'ai sciemment aidé, favorisé les errements frauduleux, illicites, criminels de B.... — Je vous défie de fournir cette preuve!

Mais c'est trop insister sur des griefs qui, fussent-ils plus certains, plus graves cent fois qu'ils ne sont, devraient être réputés n'avoir jamais existés et ne mériteraient même pas l'honneur d'une réfutation.

Et, au surplus, pourquoi ressusciter des faits déjà anciens, complétement expiés, et que l'Administration ne jugea passibles que d'une simple mesure de discipline? Est-ce que, par hasard, ces faits qui, avant leur expiation, ne méritaient pas l'exclusion, en seraient devenus dignes après cette expiation? Et, notez qu'il n'est pas seulement question, dans l'espèce, d'une expiation forcée et purement disciplinaire, mais encore de la plus méritoire et de la plus volontaire des expiations, d'une expiation virtuellement, éventuellement sanglante, de services militaires spontanément et vaillamment rendus!

Ressusciter ces faits! Mais le pouvez-vous? Quelles que soient les fautes de mon client, de l'aveu même de son administration, il s'est libéré, il s'est racheté de leurs conséquences morales et administratives; donc ces fautes n'existent plus, et, sous aucun prétexte on ne peut les faire revivre : *Non bis in idem !* Il a *fait*, il a subi sa peine, il a expié ses fautes, il s'est repenti, il s'est réhabilité. Homme nouveau, homme redevenu complet, *integri status;* il s'est réintégré, et sa réintégration, c'est pour lui un nouveau baptême, un baptême réhabilitateur ! Répétons-le donc : *Non bis in idem !* Toute personne qui a expié une faute ne peut plus être reprise ni accusée (1), ni à plus forte raison condamnée à raison de la même faute, alors surtout qu'en dehors et en l'absence de tout fait nouveau à sa charge, son expiation a été suivie d'une conduite irréprochable, d'une rénovation sincère, d'une vie nouvelle !

— Vous me rappelez la disgrâce de mon client ! Mais songez, que pendant plus de quatre ans, vous l'avez mis dans la nécessité de croire que, tout ce qui se rattachait à cet accident de sa vie, vous l'aviez complètement oublié ! Et voilà que, pour vous en ressouvenir, vous saisiriez avidemment l'occasion... d'une nouvelle faute, d'un démérite, d'une défaillance ? non certes ! mais puisque vous me forcez à le dire... d'une série d'actes de courage, de dévouement et d'abnégation ! Mais quelle est donc, grand Dieu ! cette fatalité qui tourne à son humiliation et à sa perte, ce qui devrait tourner à sa glorification et à son salut !

Ne me parlez donc plus d'une disgrâce encourue, il y a plus de neuf ans, subie en silence pendant plus de quatre ans, et noblement, généreusement, librement expiée par un an de dévouement exceptionnel, de périls et de douleurs sans nombre ! C'en est assez, c'en est peut-être trop ! vous devez l'oublier à jamais ! La disgrâce s'est évanouie, l'homme est resté, le fonctionnaire s'est relevé, la justice est satisfaite ! Rendez à l'homme ce qui est à l'homme, rendez au fonctionnaire ce qui est au fonctionnaire : au premier, son honneur, au second, sa fonction !

(1) Art. 360, c. d'Instruction criminelle.

Ici, disons-le bien haut, usant d'un droit de récrimination, presque toujours odieux, j'en conviens, mais, dans la circonstance actuelle, sous plus d'un rapport, légitime, M. d'Hérisson pourrait se mettre en parallèle avec certains officiers volontaires, enrôlés de la dernière heure, qui, arrivant à leur corps juste après la bataille, ou à la fin d'une guerre à laquelle ils n'avaient pris part qu'en fuyant honteusement devant un ennemi dont, et pour cause, ils ne virent jamais la face, furent tout-à-coup transformés, par je ne sais quel coup de baguette magique, en magistrats administratifs, et honorés, quelque temps après, d'un avancement privilégié et exceptionnel! Mais, pas plus que moi, mon client n'aime à récriminer. Reprenons donc le cours de notre discussion, et passons à un autre grief, non moins étonnant et odieux que mensonger et hypocrite.

—Est-ce bien sérieusement, qu'excipant contre M. d'Hérisson de l'irrégularité de son congé, on lui en ferait grief, et on lui dirait, sans autre forme de procès, et d'un ton ironique mal déguisé : Vous vous êtes conduit en bon citoyen, en vous engageant dans un bataillon du Haut-Rhin ; mais vous n'en avez pas moins déserté votre poste, vous n'étiez pas muni d'un congé en bonne forme. Nous en avons bien d'autres à pourvoir... (1)

Prétexte, le dirai-je? chicane du plus mauvais aloi! D'abord, nous avons demandé ce congé au ministre compétent ; puis, n'ayant pu le recevoir de lui, parce que Paris était investi, nous l'avons implicitement obtenu, sans avoir eu besoin de le lui demander, de la *très-chaude* approbation de notre chef immédiat, le patriote préfet Grosjean.

---

(1) V. *Pièces justificatives*, n° V, lettre de M. Gros-Jean, préfet du Haut-Rhin.

En pareil cas, ce qui n'est pas défendu est permis, et ce que l'on fait dans l'intérêt de l'Etat, l'Etat est censé avoir donné mandat de le faire : *Qui non prohibet pro se intervenire mandare censetur.* Et d'ailleurs, ce congé n'allait-il pas de soi ? les évènements ne se chargeaient-ils pas eux-mêmes de l'accorder à quiconque avait assez de cœur pour l'accepter ! Vous voudriez donc que je me fusse muni d'un congé régulier pour voler à l'ennemi, et m'y faire tuer ! Pitoyable et par trop pharisaïque objection ! Eh ! depuis quand est-il donc nécessaire d'autoriser l'abné-gation, le devoir ? Si c'est là un crime, punissez m'en ! Mais alors décernez une couronne d'honneur, un bill d'héroïque vertu à ces courageux fonctionnaires, qui, pen-dant cette rude guerre et cet hiver si rigoureux de 1870, ne connurent d'autres souffrances, ne virent d'autre feu, que les douceurs de leur *home* et la flamme de leur foyer !

Ah ! plutôt, au nom de la justice, outre mes dix-huit ans de services civils, reconnaissez, récompensez mes ser-vices, mes excellents services militaires !

Eh quoi ! le ministère de la guerre les compterait pour deux campagnes, et, d'après vous, le ministère de l'in-térieur ne les compterait pour rien !

—Pour rien ! je me trompe, pour quelque chose ! A ses yeux, ces services seraient (oserai-je le dire ?) une mauvaise note, une sorte d'obstacle à sa réintégration, et ces deux choses contradictoires, le même Etat, le même législateur les voudrait, les consacrerait !!! Cela n'est pas possible !

Comment ! s'écrierait M. d'Hérisson, pendant que je gagnais mon grade de capitaine je me serais dégradé de mon rang, de mes droits, de mes titres, et, le fait seul d'avoir porté des épaulettes me déshonorerait au point de me dépouiller de mon frac administratif ! O Métamorphoses, telles que n'en vit pas le monde païen ! voilà bien de vos coups (1) !

Mais, si vous le voulez, laissons là les services de M. d'Hérisson, laissons là le vieux fonctionnaire, et considérons le comme candidat à de nouvelles fonctions de conseiller ! Que manque-t-il au succès de sa candidature ? le prestige d'un nom distingué ? la bonne renommée d'une parenté honorable, illustre même ? l'amitié, la recommandation, le patronage de gens haut placés ? Il se présente à vous, précédé, escorté, suivi de tout cela. Que vous faut-il encore ? des aptitudes intellectuelles, du goût pour les choses administratives ? mais vous avez plus que cela, et vous le savez bien ! car vous en avez la preuve réitérée et certaine dans ses dix-sept ans de pratique administrative !

Convenez-en donc, jamais, non, jamais candidat ne brigua position sociale dans de meilleures conditions, et sous de plus favorables auspices ! — Mais continuons :

M. d'Hérisson n'a pas été révoqué. Or, remarquons-le bien, l'eût-il été,—sans doute parce qu'il l'aurait été à tort, ou parce qu'il aurait expié la cause de sa révocation,— il pourrait être remis en activité (2), être réintégré dans ses fonctions, et alors que, loin d'être frappé d'une révocation, il n'a subi qu'une légère disgrâce, depuis longtemps expiée, il ne le pourrait pas ! Quelle inégalité, tranchons le mot, quelle injustice !

Mais où est donc son crime, où, son indignité ? A-t-il jamais reculé devant son devoir ? Est-il de ces fonction-

(1) V. *Pièces justificatives*, n° XXI.
(2) Art. 27 de la loi du 2 juin 1853.

naires qui, dès qu'il s'agit de l'accomplissement de leurs fonctions, se tiennent toujours en deçà de la ligne qui leur est tracée ? Non, certes ! il a fait plus que son devoir, il s'est porté au-delà ! loin de pécher par défaut, il aurait plutôt péché par excès, et de lui, comme de ce chrétien d'un courage exagéré peut-être, Tertullien eût pu dire : *excessit, non recessit !*

Mais, tout au moins, peut-on lui reprocher de s'être, magistrat administratif, immiscé dans la politique, et d'avoir publiquement affiché des opinions contraires à la pensée politique du gouvernement dont il était le serviteur ? Mais, non ! vous ne pouvez lui adresser pareil reproche. Il est du nombre de ces hommes, *rara avis !* qui, tout en gardant au fond de leur cœur, comme au fond d'un sanctuaire, le culte de leurs prédilections politiques, croient pouvoir, sans forfaire à l'honneur et à la loyauté, et sans rien abdiquer des antiques traditions du foyer domestique, *s'incliner devant les nécessités du présent et la cause sacrée de la patrie* (1)!

— Faut-il à présent réfuter une prétention qui révèle, chez les adversaires de M. d'Hérisson, le plus odieux parti-pris de nier, sans pitié ni merci, ses droits les plus légitimes ? — On lui dit : Pour vous, ni pension de retraite, ni pension de réforme, pas même d'indemnité temporaire !

Erreur, erreur profonde ! — Pour nous en convaincre, lisons la loi sur les pensions civiles.

Règle générale écrite dans le 1er alinéa de l'article 5 de la loi du 9 juin 1853, sur ces pensions : Le droit à la pension de retraite est acquis par ancienneté à soixante ans d'âge, et après trente ans accomplis de service.

(1) Manifeste précité du maréchal de Mac-Mahon.

Exception à cette règle (article 11 de la même loi) :
Peuvent exceptionnellement obtenir pension, quels que
soient leur âge et la durée de leur activité, les fonctionnaires et employés qui auront été mis hors d'état de
continuer leur service, soit par un acte de dévouement
dans un intérêt public ou en exposant leurs jours pour
sauver la vie d'un de leurs concitoyens, — ceux dont l'emploi aura été supprimé.

Il tombe sous les sens, il est de toute évidence que le
fonctionnaire qui, libre de jouir des loisirs que lui fait la
cessation forcée de ses fonctions, préfère courir les chances
de la guerre, est, par cela même, contraint de discontinuer
l'exercice de ses fonctions, et par suite, se trouve dans le
cas prévu par l'article 5 de la loi précitée. N'a-t-il pas fait
un acte de dévouement? ne s'est-il pas dévoué dans un
intérêt public ? N'est-il pas tout aussi rationnel et évident
que le fonctionnaire qui expose ses jours, non pour un
seul, mais pour plusieurs, pour un nombre illimité de ses
concitoyens, ne mérite pas moins, que dis-je? mérite
bien plus d'être récompensé de ses services que celui
qui ne les a exposés que pour en sauver un seul ?

Contestez-vous cette incontestable conséquence? Vous
obstinez-vous à refuser toute pension, toute indemnité à
M. d'Hérisson? Mais que faites-vous alors de l'art. 2 du
décret du 2 mai 1848 et de la loi du 9 juin 1853?
M. d'Hérisson, à supposer qu'on puisse le réputer réformé
pour cause de suppression d'emploi, ne pourra-t-il pas les
invoquer, abstraction faite de toute condition d'âge et de
durée de services ?

Mais c'est ce que vient de décider le Conseil d'Etat,
par son arrêté du 30 avril 1875, au profit de M. Jules
Sandeau. Cet écrivain; était conservateur de la bibliothèque de St-Cloud, en 1870; à cette époque, la bibliothèque fût brûlée avec la ville elle-même. De là, suppression de la bibliothèque, et par suite de l'emploi du

bibliothécaire. Que devait faire M. Sandeau ? devait-il se résigner à n'être qu'académicien ? Tel n'eût pas été notre avis, et tel ne fut pas le sien. Il demanda à être replacé, et, en attendant qu'il le fût, il réclama une indemnité. Plus tard, un emploi de Bibliothécaire, à la bibliothèque Mazarine, étant devenu vacant, on s'empressa de le lui donner. Vous croyez peut-être que l'émolument de cet emploi devait mettre fin à l'indemnité pour suppression de ses premières fonctions ! Ainsi le pensa le Ministre des finances, mais non M. Sandeau. Celui-ci se pourvut devant le Conseil d'Etat, et, sur son pourvoi, arrêté de cette haute juridiction, faisant droit à ses prétentions et annulant l'opposition du Ministre au paiement de cette indemnité. Voilà donc, à l'occasion d'une suppression d'emploi, par force majeure, un fonctionnaire public tout à la fois indemnisé et replacé ! Or, ne saute-t-il pas aux yeux de tous que la position de M. Sandeau était, à tous les points de vue, bien moins favorable que celle de M. d'Hérisson ? M. Sandeau, hors d'état de conserver sa bibliothèque, ne s'était pas exposé, que je sache, à perdre la vie sur un champ de bataille, pour le salut de sa patrie ! Pourquoi donc lui accorder, à lui, une indemnité et un replacement refusés à M. d'Hérisson ? Serait-ce parce que celui-ci aurait démérité de son pays, en courant au-devant de l'ennemi, tandis que celui-là en aurait bien mérité en attendant, loin de tout danger, l'issue d'une guerre cruelle ? O logique ! ô raison ! ô bon sens ! où êtes-vous donc ? *Ubinam gentium !*

Donc, le décret et la loi précités seront applicables à mon client, simple conseiller de préfecture, et ils le seront d'autant plus que grande est la différence entre un petit fonctionnaire soumis à la retenue pour pension de retraite, et les grands fonctionnaires qui ne le sont pas ! Il est sensible, en effet, qu'à l'égard des inconvénients d'une révocation toujours possible, les premiers ne peuvent trouver dans le chiffre minime de leur traitement, la compensation que trouvent les seconds dans le chiffre élevé du leur. D'où la conséquence que si, comme il arrive d'aventure, sur le vu d'un rapport erroné ou l'avis d'un chef de bureau mû par de tous autres motifs que des motifs de justice, un ministre croit devoir révoquer un de ses fonctionnaires, il le fera, il devra le faire avec d'autant plus de circonspection et de sagesse, que sa décision atteindra un fonctionnaire qui, en perdant sa position, perdra en même temps sa retenue.

Or, qu'est-ce que cette retenue ? Elle est l'unité génératrice, l'élément créateur de la pension de retraite. Que la révocation, ou tout autre acte de même nature en entraine la perte, quand elle résulte d'un fait volontaire du fonctionnaire révoqué, rien de plus juste ! Cette perte n'est imputable qu'à lui seul ! mais comment la cessation de fonctions, par cas fortuit ou de force majeure, entraînerait-elle la même conséquence ? Est-ce ma faute, si le siége de mes fonctions a été envahi ? Est-ce ma faute si, pouvant me replacer ailleurs, il vous plait de ne me replacer nulle part ? Et puis, ne suis-je pas assez puni par la suppression de mon emploi qui me force à rester plus ou moins long-temps en état de simple disponibilité et, par voie de conséquence, me condamne à la privation d'une portion de mon traitement ? A cette perte inévitable, fatale, vous siera-t-il d'ajouter arbitrairement la perte de ma retenue, de l'escompte de mon passé et de mon avenir, peut-être de mon dernier morceau de pain pour mes vieux jours ? Mais ce serait le comble de l'iniquité, la plus odieuse des confiscations, et, disons-le tout bas, pour ne pas excéder la limite des convenances, la plus indigne des spoliations !

Nous en avons fini avec les objections des adversaires.

Quoique, pour éviter de fastidieuses redites, nous en ayions, à dessein, discuté plusieurs à la fois, nous n'en avons pas moins conscience de n'en avoir point laissé sans réponse.

Qu'ils en prennent donc leur parti ! Non ! tout n'est pas perdu pour nous ! il nous reste l'honneur et l'espérance ! Nous ne nous résignerons pas au lamentable sort qu'ils nous ont fait ! Ils ont beau dire, le ministre n'a pas fulminé contre nous son fatal *Expello !* Il ne le fulminera pas ! Sans doute, il le peut, s'il le veut, puisqu'il en a le droit ; mais il ne le fera pas, puisqu'il n'en aura pas et ne pourra pas en avoir la volonté. Pas plus qu'un chef d'Etat, un ministre ne doit vouloir, ne veut, en matière de révocation de fonctions publiques, une chose injuste, inique, illégale, illogique, irrationnelle, inopportune, alors surtout qu'elle est incontestablement contraire et à la volonté des fonctionnaires particuliers qu'elle iutéresse, et à la volonté de l'Etat qui a contracté avec eux ?

Deux mots seulement sur ce point :

Le contrat intervenu entre l'administration et le fonctionnaire ou employé, est certainement un contrat synallagmatique, commutatif, à titre onéreux ; mais il est plus que cela. Pour l'administration, il est un contrat d'équité et de bienveillance, pour le fonctionnaire ou l'employé, un contrat de loyauté et de dévouement. C'est, en quelque sorte, et pour le distinguer, d'un seul mot, du contrat ordinaire de louage de services, un contrat *libéral*, et, telle est la nature du lien qui, en vertu de ce contrat, attache les deux contractants, qu'on peut et qu'on doit dire qu'il ressemble à celui qui unit une mère à son enfant, un enfant à sa mère. Ce n'est donc pas un simple mandat ou une *negotiorum gestio ;* ce n'est pas davantage une pure *locatio operarum* ordinaire ; c'est un contrat innommé, *sui generis*, contrat d'équité plutôt que de droit, et justement appelé *service* et quelquefois *office*.

Mais, quoi qu'il en soit de sa dénomination et de son caractère juridique, ce qui est certain, c'est que, comme tous les contrats, à défaut ou dans le silence d'une convention écrite, il doit être largement interprété, en cas de doute ou de difficulté, d'après la commune intention des parties contractantes, au moment où le contrat s'est formé entre elles.

Or, de bonne foi, si, à ce moment, le fonctionnaire avait voulu inscrire dans son contrat, par exemple, cette clause : En cas d'invasion, par l'ennemi, du lieu où le soussigné remplira ses fonctions, il devra, de plein droit, être appelé aux mêmes fonctions dans un autre lieu, et, en cas de non vacance, il sera, de plein droit aussi, en disponibilité jusqu'à son rappel à l'activité ; — qu'eût-dit l'administration ? Ne se fût-elle pas écriée que pareille clause n'était pas nécessaire, qu'elle allait de soi, et n'eût-elle pas considéré comme une espèce d'injure, comme une pensée d'injuste défiance, une semblable clause, une semblable prévision ? Sans doute ! — Et elle eût eu raison.

Et, de son côté, qu'eût dit le fonctionnaire, si l'administration avait inséré dans son contrat avec elle la stipulation suivante : En cas d'invasion, etc., si M. N*** s'en va, dûment autorisé, combattre l'ennemi, et que, la paix faite, il demande à être réintégré dans ses fonctions, l'administration restera libre d'accueillir ou de refuser sa demande ? Croyez-vous que M. N*** eût accepté une clause qu'il eût assurément taxée d'injustice et d'absurdité ? Evidemment non ! — Et lui aussi eût-eu raison.

Et qu'on ne nous prête pas la singulière pensée d'assimiler la position d'un fonctionnaire, en face de l'Etat, à celle d'un entrepreneur, en face du maître ou du propriétaire ! Qui ne connait la différence qui distingue la *locatio operarum* de l'entrepreneur, du *munus* ou de l'*officium* du fonc-

tionnaire public? — Mais toujours est-il que l'article 1794
C. c. qui dispose que le maître peut résilier par sa seule
volonté, le marché à forfait, *mais* en dédommageant l'entrepreneur de toutes ses dépenses, de tous ses travaux et de
tout ce qu'il aurait pu gagner dans son entreprise, consacre
par un texte de loi un principe d'équité, dans lequel il
nous est permis de puiser une des plus graves considération à l'appui de notre thèse. Toujours est-il encore que
ni pour l'un ni pour l'autre des contractants, il n'a été
formé et accepté sans condition absolument potestative,
et que la rupture de ce contrat, — qu'elle s'appelle révocation ou destitution, — doit, sous peine d'injustice, être
provoquée et prononcée pour une cause vraie, grave et
légitime !

Et ces considérations se fortifient de celle qu'on peut
également tirer de trois ordres de fait juridiques qui, sous
l'inspirations de ce droit *humain*, si bien célébré par Mon-
tesquieu, — sont passées à l'état de dogmes de jurispru-
dence. Je veux parler de ces nombreuses décisions judiciaires qui ont accordé une juste indemnité aux serviteurs,
aux commis, aux employés de chemins de fer, renvoyés
brusquemment, brutalement, par pur caprice, sans cause
légitime et dûement justifiée.

Mais à côté et au-dessus de la question d'interprétation,
qui regarde et l'Etat et les fonctionnaires, il est une question de principe qui domine, règle et gouverne les rapports
juridiques existant entre eux, et ce principe, c'est l'équité,
c'est la justice, c'est la Providence personnifiée dans l'E-
tat, luttant contre les rigueurs du droit, l'inflexibilité de
la loi, et le destin des hommes et des choses.

Ce principe, l'Assemblée nationale, dans sa séance du
24 mars 1873, l'a hautement proclamé et solennellement
consacré, en adoptant au scrutin secret, par 598 voix

contre une, un projet de loi tendant à ouvrir, au ministère de la justice sur l'excercice de 1873, un crédit de 37,000 francs, destiné à continuer leur traitement aux magistrats judiciaires des ressorts de Metz et de Colmar, dépossédés par l'annexion, et non replacés.

Or, en bonne logique, pourquoi le même principe ne s'appliquerait-il pas aux magistrats administratifs des mêmes villes ? En quoi, considérée au même point de vue, la position des uns différerait-elle de la position des autres ? tous, indistinctement, n'ont-ils pas été victimes de la même force majeure ? Et cette force majeure n'a-t-elle pas mit fin, de la même façon, à l'exercice de leurs fonctions, supprimé leur emploi ? Remarquez que le crédit voté par l'Assemblée est destiné à *continuer* le traitement des magistrats auxquels il est alloué. Or, ce traitement ainsi continué suppose la continuation des fonctions dont ils sont investis, abstraction faite du caractère de ces fonctions, qu'elles soient inamovibles ou amovibles. D'où je conclus que là où il y a *discontinuation* de fonctions et dépossession de fonctionnaires, par l'annexion ou la conquête, il *doit* y avoir *continuation* de traitement, entraînant une sorte de *repossession* de fonctions.

— Oui, il *doit y avoir !* mais s'il *n'y a pas !*

— Qu'on ne se méprenne pas sur notre pensée ! Eh ! sans doute, l'Assemblée n'a pas fait pour tous les fonctionnaires, ce qu'elle a fait pour les seuls magistrats de l'ordre judiciaire ! Mais pour n'être pas, en toute rigueur, un argument de droit, notre raisonnement n'en vaut pas moins comme considération de raison. Qu'on me dise pourquoi les magistrats judiciaires, étant traités par le législateur comme s'ils exerçaient encore leurs fonctions, les magistrats administratifs pourraient être traités comme s'ils ne les exerçaient plus ! Qu'on me dise aussi pourquoi les premiers étant reputés en activité, les seconds seraient regardés comme étant en non-activité ? Est-il raisonnable, est-il moralement possible qu'en présence de la même cause et des mêmes effets, le législateur ait, pour ainsi parler, deux poids et deux mesures différens ? Et n'est-ce pas le cas d'invoquer, sinon comme un axiome juridique, du moins comme une maxime de sens commun, la règle de droit et de raison : *Ubi eadem ratio, ibi idem jus ?* — Même principe, mêmes conséquences !

— On nous dira : Mais ce n'est là, après tout, qu'une subtilité ! Tous les raisonnements du monde ne peuvent tenir lieu d'un texte qui n'existe pas, et en fin de compte, toute la question est de savoir si ou non le législateur s'est occupé de serviteurs de la chose publique autres que les magistrats de l'ordre judiciaire ? Or, la négative est de toute évidence : donc — les magistrats, les fonctionnaires de l'ordre administratif ne sont point appelés au bénéfice de la loi..

— Je vous l'accorde ! mais est-il moins vrai (et c'est tout ce que je vous demande), que si les seuls magistrats judiciaires jouissent du privilége de cette loi, ce n'est point uniquement parce qu'à la différence des fonctionnaires administratifs, ils sont irrévocables, inamovibles ? Et tenez ! vous en faut-il une nouvelle preuve ? Elle est, non plus cette fois dans un pur raisonnement, mais bien dans un texte, dans un texte formel ! A qui la loi précitée accorde-t-elle le crédit de 37,000 fr. ? Aux magistrats inamovibles ? Incontestablement ? A eux *seuls* ? non certes ! mais à tous les magistrats, sans distinction entre magistrats inamovibles et magistrats amovibles, entre les magistrats du siége et les magistrats du parquet, entre les juges ordinaires et les juges d'exception, de sorte que ce que la loi a fait pour tous les magistrats de l'ordre judiciaire, le bon sens,

la raison, l'équité demandent de concert qu'elle le fasse
aussi pour tous les magistrats de l'ordre administratif !

Une dernière considération.

Nous l'avons déjà dit, mais nous ne saurions trop le re-
peter : pour M. d'Hérisson, il s'agit de tout ou de rien, d'être
ou de ne pas être, et sa question est la question d'*Hamlet*.
Admettons un instant, en effet, la thèse de nos adversaires !
M. d'Hérisson n'est plus fonctionnaire, il n'a plus rien du
fonctionnaire, plus rien ! ni titre, ni fonctions, ni traitement,
ni pension, ni indemnité, moins heureux que les militaires,
que les employés de l'instruction publique, et même que
certains ouvriers de l'imprimerie nationale, il est frappé
d'une irrémissible déchéance, sans examen, sans contra-
diction, sans contrôle, *mero arbitrio*, par la seule volonté
du Ministre : moins heureux encore que certains fonctionnaires réformés, à qui peut être rendue, en partie ou en
totalité, leur retenue pour une pension que leur réforme ne
permet pas d'obtenir : moins heureux enfin que le trop
fameux capitaine Doineau !
Et qu'on ne m'accuse pas de paradoxe ! Voici un officier
investi d'un grand commandement, chef d'un important
service (d'un bureau arabe), qui, un jour, dans un dessein
que je ne veux pas apprécier, assassine et vole, fait assassiner et voler un puissant personnage algérien. On
informe contre lui, il est accusé, jugé, condamné à
mort par une Cour d'assises dont l'arrêt contradictoire,
définitif et sans appel, est en vain soumis à la censure de
la Cour suprême. Eh bien ! le croira-t-on ? Parce qu'en
vertu d'un décret de la clémence impériale, sa peine est
commuée en un simple emprisonnement perpétuel, et que
cet emprisonnement n'a rien d'infâmant, il ose se prétendre officier simplement réformé, demande, en consé-

quence, au ministre de la guerre, qui la lui refuse, sa pension de réforme, se pourvoit devant le Conseil d'Etat contre l'arrêté du ministre, et le Conseil d'Etat, jugeant *summo jure*, casse cet arrêté et reconnaît le droit de Doineau à la pension par lui réclamée ! ! — Ainsi, le Conseiller de préfecture, qui n'a ni crime, ni délit, ni faute, ni manquement disciplinaire à expier, perdrait, avec son titre, tous les droits qui en dérivent, serait réduit à n'être rien, tandis que l'officier, coupable d'un crime capital et de droit commun, conserverait son titre d'officier, et, grâce à ce titre, jouirait d'une pension de réforme !!! Est-ce logique ? et n'y a-t-il pas là quelque chose qui soulève d'indignation la conscience publique ?

Auditum admissi iram teneatis !....

VIII

Terminons par où nous avons commencé (1). Posons-nous une dernière fois et sous une forme plus générale et plus simple encore, si c'est possible, la question que nous venons de discuter :

Un fonctionnaire public — assujetti à la retenue — revocable, mais, non revoqué — qui n'a contre lui aucune cause légitime de révocation, mais qui, *dépossédé* de ses fonctions par un événement *fatal* (la guerre), n'a d'autre tort à se reprocher que de s'être *volontairement* enrôlé sous les drapeaux, pour repousser l'ennemi de son pays, et d'y avoir mérité un incontestable avancement dans sa carrière, peut-il, après la paix, revendiquer *sa remise en possession, sa réintégration* dans ces mêmes fonctions ou dans les fonctions de même nature ?

(1) V. *pages* 3 et 4.

A cette question nous avons répondu : *Oui !* et, à moins que nous ne soyons victime de la plus étrange illusion, nous croyons que quiconque aura lu ce mémoire avec une impartiale attention, ne sera pas un seul instant tenté d'y répondre : *Non !*

IX

Et maintenant, ô mon client, permettez-moi, en vous quittant, pour vous laisser seul, avec vos craintes et vos es-pérances, en face du souverain arbitre de vos destinées, per-mettez-moi de vous dire, à titre de suprême adieu, ce que naguère, de sa couche funèbre, disait à son fils éploré, une grande chrétienne (1), une femme forte comme la mort, comme la mort qui déjà crispait ses lèvres pâles et glacées : « Ne vous découragez pas ! » Encore quelques jours, et justice vous sera faite ! En attendant, soyez toujours, et aujourd'hui plus que jamais, ce que vous avez été jusqu'ici ! Soyez un homme ! *esto vir !* Si rien n'est plus beau que de combattre pour Dieu et pour la liberté (2), quoi de plus grand que de lutter pour la Justice, mère de la Liberté, et pour la Vérité, fille de Dieu ! Voilà le bon combat ! con-tinuez à le combattre ! Vous avez sous la main deux forces surhumaines, et qu'il ne tient qu'à vous de mettre en œuvre : —la puissance que donnent une conscience sans reproche et le devoir de conserver intact et pur un nom honorable et sans tache ; — la vertu, cet apanage des âmes viriles que rien n'arrête, que rien n'abat, qui ne reculent devant rien, *potentiâ et virtute !* C'est la devise des

(1) Mme la comtesse de Grancey.
(2) Louis de Blois.

aïeux de votre mère. Montrez-vous digne d'elle, et si les traditions, les souvenirs de votre antique maison ne suffisaient pas à entretenir jusqu'à la fin votre noble et louable ardeur à poursuivre un but que vous pouvez, que vous devez atteindre, oh ! alors, vous rappelant une parole qui fit des multitudes de saints et de héros, dites-vous, dites-vous encore, qu'à la persévérance, à la persévérance seule, Dieu promet, Dieu réserve le succès, le triomphe, la gloire !

PIÈCES JUSTIFICATIVES

ET NOTES

I

Extrait du Message du Maréchal de Mac-Mahon.

« Je n'ai accepté le pouvoir pour servir les aspirations d'aucun
« parti : Je ne poursuis qu'une œuvre de défense sociale et de répa-
« ration nationale.

« J'appelle à moi, pour m'aider à l'accomplir, sans aucun esprit
« d'exclusion, tous les hommes de bonne volonté, tous ceux dont les
« préférences personnelles s'inclinent devant les nécessités du présent
« et devant la cause sacrée de la patrie. Je désire ardemment que le
« concours d'aucun d'eux ne me fasse défaut. Je le réclame au nom
« de la France dont je n'ai en vue que le salut et la grandeur. »

(*Extrait du Message du Maréchal Président de la République*, en date
du 3 décembre 1874.)

II

Réclamation d'un Fonctionnaire Alsacien.

Conseiller de préfecture en *Alsace* lors de l'invasion prussienne,
M. d'Hérisson a été violemment arraché à des fonctions qu'il rem-
plissait depuis dix-huit ans.

Il s'est enrôlé volontairement en septembre 1870 ; a fait, en qualité de capitaine dans l'un des bataillons de garde mobile du Haut-Rhin, la guerre aux armées du Rhin, des Vosges (a) et de l'Est.

Il a contracté pendant cette rude campagne d'hiver une laryngite chronique et des douleurs rhumatismales nécessitant impérieusement l'usage des eaux thermales des Pyrénées. Néamoins, malgré son état de souffrance assez grave, le conseiller-capitaine, dès la fin de mars 1871, s'était empressé d'accourir, de la Gironde à Paris, devançant l'appel du Gouvernement, pour mettre, une fois de plus au service de son pays, le concours dévoué, absolu de son patriotisme. M. d'Hérisson, malgré ses cinquante-six ans, n'a pas hésité à s'enrôler à Versailles, comme *soldat*, dans le bataillon des volontaires de la Seine, afin de participer au second siège de Paris.

Ancien fonctionnaire, qui a eu le rare bonheur, sous l'Empire, de n'avoir voulu jamais faire de politique, s'étant exclusivement renfermé dans la sphère administrative inhérente à son rôle de juge administratif, M. d'Hérisson aspire à rentrer dans l'administration et demande a être rappelé à l'activité. Il croit devoir revendiquer une compensation légitime, convenable, à titre de banni de l'Alsace, ayant personnellement beaucoup souffert de la guerre, compensation officiellement promise par le gouvernement à la suite d'une interpellation sur le sort réservé aux fonctionnaires dépossédés de Lorraine et d'Alsace : promesse que les *premiers ils seraient replacés*.

M. le Ministre de l'intérieur, dans sa haute bienveillance, et dès le 31 mars, voulut bien témoigner à ce magistrat son désir de le voir accepter, par *dévouement*, une sous-préfecture de *combat*, au lieu d'une autre situation désirée par lui — dans cette catégorie d'arrondissements de combat, figurait, en première ligne, Vienne, où semblait appelé M. d'Hérisson, grâce à l'intervention de quelques députés de l'Isère et de la personnalité de l'honorable M. Casimir Pèrier, en sa faveur, désireux de le voir à la sous-préfecture de Vienne.

D'autre part, il a eu l'honneur d'être désigné au choix du Gouvernement par la députation de l'arrondissement de Villefranche (Rhône), pour les délicates et difficiles fonctions de sous-préfet de ce remuant arrondissement, véritable poste de combat. Investi de leur confiance,

---

(a) Armée où, par une initiative personnelle énergique, il a opéré le sauvetage de sept voitures de fusils, de munitions, poudres, etc., abandonnées dans la caserne de gendarmerie de Remiremont, quand les Prussiens arrivaient dans cette ville, et au risque d'être fait prisonnier.

remplissant la condition de présentation par les députés, sinon indispensable aux yeux de M. le ministre E. Picard, au moins très-utile, ne semblerait-il pas qu'il doive être préféré à d'autres candidats ?

M. d'Hérisson Polastron, dont le frère, ancien officier de marine, a fait la guerre aussi, comme volontaire aux armées du Rhin, de la Loire et de l'Est, appartient, lui, à une famille qui a largement participé à l'œuvre de défense nationale de la patrie. En effet, ses deux neveux : C. de Rafelis Soissan, sous-lieutenant, sorti de St-Cyr, le 16 juillet 1870, a été tué le 6 août à la mémorable bataille de Reichshoffen ; le lieutenant de Gidrol (fils unique de sa sœur), cité à l'ordre de l'armée, par le brave général Ducrot, périssait glorieusement à Villiers-sous-Paris , le 30 novembre 1870 , alors qu'à Champigny tombait héroïquement son intrépide cousin, le colonel vicomte de Grancey, et qu'un parent de son nom, était très grièvement blessé dans cette journée si néfaste pour sa famille.

En outre, quatre de ses cousins, officiers de gardes mobiles, ont gagné la croix des braves sur les champs de bataille et à Belfort, tandisque, moins heureux, il n'a gagné sur la neige que des douleurs et d'inénarrables misères...

· Dans l'hypothèse où l'une des résidences de Vienne, Villefranche, Bayonne ou tout autre sous-préfecture ou secrétariat-général de première classe, ne pourrait être donnée à M. d'Hérisson, il se bornerait à demander la situation de conseiller de préfecture de Seine-et-Oise, qui lui fut offerte à son arrivée à Versailles (a).

A. D'Hérisson.

Les députés soussignés, appellent sur le pétionnaire la haute et toute spéciale bienveillance de M. le Ministre : ils expriment le désir

---

(a) Le chef de cabinet du sous-secrétaire d'Etat du ministère de l'intérieur, proposait en effet à M. d'Hérisson, un poste alors disponible de conseiller de préfecture à Versailles, qu'il dût décliner à son très vif regret, M. le Ministre de l'intérieur, aux promesses duquel il croyait trop bénévolement, l'ayant, la veille même, adjuré de consentir à occuper, malgré son désir contraire, la position administrative de sous-préfet, ainsi que cela est relaté ci-dessus, et comme ne saurait le méconnaitre l'ancien ministre M. E. Picard.

très naturel qu'il soit accordé à M. d'Hérisson une compensation si parfaitement justifiée dans les conditions ci-dessus exprimées.

Versailles, 12 mai 1871.

E. DE MARCÈRE, député du Nord.

Comte D'HESPEL, deputé du Nord.

Comte DURFORT DE CIVRAC, député de Maine-et-Loire.

Comte A. DE MAILLÉ, député de Maine-et-Loire.

E. GUEIDAN, député de l'Isère.

DE COMBARIEU, député de l'Isère.

MICHAL-LADICHÈRE, député de l'Isère.

J. MONROZIER, député de l'Isère.

CASIMIR PÉRIER, député de l'Aube (1).

BÉRENGER, député de la Drôme.

Marquis DE MORTEMART, député du Rhône.

G. DE SAINT-VICTOR, député du Rhône.

GLAS, député du Rhône.

JULES MOREL, député du Rhône.

Comte RAMPON, député de l'Ardèche.

ROUVEUR, député de l'Ardèche.

D'AUBERJON, député de la Haute-Garonne.

GABRIEL DE BELCASTEL, député de la Haute-Garonne.

Comte DE BRETTES-THURIN, député de la Haute-Garonne.

OCT. DEPEYRE, député de la Haute-Garonne (2).

GUSTAVE HUMBERT, député de la Haute-Garonne.

Baron DE LASSUS député de la Haute-Garonne.

E. PIOU, député de la Haute-Garonne.

PAUL DE RÉMUSAT, député de la Haute-Garonne.

F. SACASE, député de la Haute-Garonne.

Général G. DES PALLIÈRES, député de la Gironde, questeur de l'Assemblée nationale.

DE SUGNY, député de la Loire.

A. DE MONTGOLFIER, député de la Loire.

Vicomte DE MEAUX, député de la Loire (3).

Baron J. DE VINOLS, député de la Haute-Loire.

CH. CALEMARD DE LA FAYETTE, député de la Haute-Loire.

---

(1) Depuis ministre de l'Intérieur.
(2) Depuis garde des Sceaux, ministre de la Justice.
(3) Actuellement ministre de l'Agriculture et du Commerce.

— 69 —

Baron de FLAGHAC, député de la Haute-Loire.
ACHILLE ADAM, député du Pas-de-Calais.
Comte DE BRYAS, député du Pas-de-Calais.
L. DE CLERCQ, député du Pas-de-Calais.
Comte DE DIESBACH, député du Pas-de-Calais.
L. DE RENCQUESEN, député du Pas-de-Calais.
MARTEL (vice-président de l'Assemblée nationale), député du Pas-de-Calais.
Marquis DE PARTZ, député du Pas-de-Calais.
Marquis DE VOGUÉ, député du Cher.
Marquis DE LAGUICHE, député de Saône-et-Loire.
Vicomte DE RAINNEVILLE, député de la Somme.
Duc DE CRUSSOL, député du Gard.
Général baron DE CHABAUD LA TOUR, deputé du Gard (1).
Marquis DE VALFONS, député du Gard.
Comte Benoist D'AZY, vice-président de l'Assemblée.
Marquis DE FRANCLIEU, député des Hautes-Pyrénées.
ADNET, député des Hautes-Pyrénées.
DESBONS, député des Hautes-Pyrénées.
Vicomte DE SAINTENAC, député de l'Ariège.
S. VIDAL, député de l'Ariège.
Marquis COSTA DE BEAUREGARD, député de la Savoie.

Vu pour la légalisation des signatures ci-dessus ;

Versailles, le 25 juin 1871.

Le Questeur de l'Assemblée nationale,

Signé : Général G. DES PALLIÈRES.

Loco Sigilli.

Par sa belle conduite et sa bravoure pendant cette dernière campagne, M. le capitaine d'Hérisson de Polastron, comme volontaire de
la Seine, vient d'acquérir noblement de nouveaux titres à la haute
bienveillance du ministre, pour l'obtention d'une sous-préfecture de
première classe.

Paris, le 9 juin 1871.

Le Colonel commandant les volontaires de la Seine,

Signé : DE VALETTE.

Sceau du Colonel-Commandant.

---

(1) Depuis, ministre de l'Intérieur.

III

Lettre du général baron de Chabaud La Tour, ministre de l'intérieur, au général Martin des Pallières, questeur de l'Assemblée nationale.

MINISTÈRE
de l'intérieur.

—

CABINET
du ministre.

—

Versailles, le 5 août 1874.

Général et cher Collègue,

Vous avez bien voulu appeler mon attention sur M. d'Hérisson, ancien conseiller de préfecture, qui sollicite sa réintrégration et dont S. E. Monseigneur le Cardinal-Archevêque de Bordeaux daigne également appuyer la candidature.

Il a été pris note, Général et cher Collègue, des considérations que vous invoquez en faveur de M. d'Hérisson. Sa demande me sera représentée, lorsqu'il y aura lieu de pourvoir à des vacances dans le personnel administratif, et je ne manquerai pas, soyez-en persuadé, d'examiner avec soin les titres sur lesquels elle est fondée.

Agréez, Général et cher Collègue, l'assurance de ma considération la plus distinguée.

Le ministre de l'intérieur,

Signé : Général DE CHABAUD LA TOUR.

M. le général Martin des Pallières, questeur de l'Assemblée nationale.

IV

Lettre du Général La Font de Villiers, à M. d'Hérisson.

21ᵉ DIVISION
militaire.

—

Le général commandant.

—

Cabinet.

Monsieur le Conseiller,

Limoges, le 26 avril 1861.

J'ai l'honneur de connaître votre famille depuis trop longtemps, pour que votre nom ne m'ait pas rappelé la demande que vous m'aviez adressée en 1848, à l'effet de faire partie des gardes nationales qu'on disait devoir être mobilisées pour être dirigées sur la frontière.

Votre demande, dans cette circonstance, devait être considérée, à juste titre, comme une preuve de dévouement au pays ; si donc le témoignage de mes souvenirs peut vous être utile (comme vous paraissez le croire) dans votre carrière administrative, je me plais à vous l'adresser avec l'expression de mes sentiments les plus distingués.

Signé : Général La Font de Villiers.

M. d'Hérisson, conseiller de préfecture du Pas-de-Calais.

V

Lettre de l'ancien Préfet du Haut-Rhin à son ex-conseiller de préfecture M. d'Hérisson.

Montbéliard, le 15 juillet 1874.

Monsieur,

Votre lettre du 7 courant, m'est parvenue avec quelques jours de retard, j'y réponds en hâte.

Suivant moi, n'ayant pas été *révoqué*, n'étant pas *démissionnaire*, vous devez être considéré comme étant *en disponibilité* depuis le traité qui a séparé l'Alsace-Lorraine de la France. Il n'y a pas doute à ce sujet dans mon esprit. . . . .

. . . .

Je ne puis pas, d'un autre côté, vous établir la déclaration que vous me demandez. Je ne vous ai pas donné, je ne pouvais pas vous donner un congé illimité, tout en approuvant très-chaudement votre détermination de prendre les armes alors que l'ennemi était sur notre territoire ; Je vais même plus loin, il ne vous est pas venu à l'esprit de me demander ce congé. Vous songiez à faire votre devoir et vous n'avez certes pas pensé que trois ans après nos désastres de 1870, on vous dirait au ministère :

« Monsieur, vous vous êtes conduit en bon citoyen en allant **vous**
» engager dans un bataillon du Haut-Rhin ; mais vous n'êtes pas

« muni d'un congé en bonne forme ; nous en avons bien d'autres à
« pourvoir, et vous attendrez…»

On n'a pas été aussi strict pour M. L…, aujourd'hui préfet !!! et
M. P…. . . . . La France toujours généreuse, lui devait (comme
à son collègue), une compensation, et le voilà sous-préfet de première
classe (1) et chevalier de la Légion-d'Honneur !

Je suis donc bien décidément, Monsieur, dans l'impossibilité de vous
aider aujourd'hui, et je le regrette, parce qu'il m'eût été très-agréable
de servir utilement l'un de mes anciens collaborateurs de la préfecture
de Colmar, auquel je présente mes salutations distinguées.

Signé : GROSJEAN,

ancien préfet, ancien député du Haut-Rhin.

VI

Nomenclature des parents de M. d'Hérisson Polastron,
ayant fait la guerre 1870-71.

Comte Cʳ DE RAFFELIS-SOISSAN, sous-lieutenant au 99ᵉ de ligne,
ancien zouave pontifical, sorti de St-Cyr, le 16 juillet 1870, tué à
vingt ans, le 6 août, à Reichshoffen ;

Lionel DE GIDROL, lieutenant d'infanterie, mis à l'ordre du jour de
l'armée pour sa vaillance, tombé glorieusement, à Villiers-sous-Paris,
le 30 novembre 1870 ;

Vicomte Antonin DE GRANCEY, colonel, commandant le régiment
de la garde mobile de la Côte-d'Or; tué à la tête de son corps, qu'il
entrainait par son exemple et son héroïsme, à la bataille de Champigny, le 2 décembre 1870 ;

Georges d'IRISSON d'HÉRISSON, capitaine de mobiles de la Seine,
officier d'ordonnance du général Berthaut, blessé grièvement le 30
novembre 1870, sous Paris, décoré à la suite de cette blessure, et
mort depuis secrétaire d'ambassade ;

---

(1) Depuis lors Préfet d'un département Pyrénéen, récompense peut-
être de sa conduite brillante à Belfort, que pourrait attester, avec non
moins d'autorité que l'ex-Préfet du Haut-Rhin, le colonel gouverneur de cette glorieuse place de guerre.

G. DE VENTE DE FRANCMESNIL, capitaine au 1er de chasseurs à cheval, guerroya longtemps en Algérie, mort d'une maladie contractée pendant la guerre ;

Vicomte d'ALBIGNAC, sous-lieutenant d'infanterie de marine, très-grièvement blessé à Sedan, prisonnier de guerre ;

Enguerrand DE LA MOTTE FÉNELON, volontaire au 3e de chasseurs d'Afrique, fit avec son régiment, commandé par l'intrépide colonel de Galliffet, ces charges légendaires de Sedan dont notre cavalerie française a le droit de s'enorgueillir. Ce jeune soldat, blessé alors, fut capturé à Sedan mais s'évada ;

Edmond d'HÉRISSON POLASTRON, ancien officier de marine, capitaine de mobiles du Haut-Rhin, a très-énergiquement, très-bravement fait la campagne 1870-1871, aux armées du Rhin, des Vosges, de la Loire et de l'Est, en gagnant l'estime de ses chefs et de ses camarades avec la confiance des hommes sous ses ordres, comme autrefois sur mer, à Mogador et à Tanger ;

Comte Ph. DE TOURNON, connu par son dévouement à toutes les nobles causes, aide de camp du général de Lamoricière, à Castelfidardo, capitaine de la garde mobile du Rhône, décoré pour sa conduite à Belfort ;

Vicomte A. DE LA JONQUIÈRE, capitaine, commandant au quatrième régiment de chasseurs, prisonnier de guerre avec l'armée de Metz, en octobre 1870 ;

Comte Just DE TOURNON-SIMIANE, ancien zouave pontifical, lieutenant de mobiles de l'Ardèche, décoré après la guerre ;

Comte Ph. DE CROIX, lieutenant de mobiles de Saône-et-Loire, au siège de Paris ;

Edouard ALLUT-VERNOUX, sous-lieutenant au sixième régiment de chasseurs, prisonnier de guerre à Metz ;

André ALLUT-VERNOUX, lieutenant de mobiles, prisonnier à Metz ;

Maurice DE LA BORDE CAUMONT, lieutenant aux zouaves pontificaux, se trouvait à Patay, comme à toutes les affaires où s'illustra ce corps d'élite, si cruellement éprouvé ;

Comte Ch. DE NARBONNE-LARA, capitaine de cavalerie, démissionnaire, ayant repris du service, a été proposé deux fois pendant le siége de Paris, pour le grade de chef-d'escadron et deux fois pour la croix. — Un de nos officiers les plus patriotes et non moins remarquable par son dévouement, son zèle et son courage, que par son sang-froid, son énergie et son instruction, a mérité d'être appelé l'une des colonnes de son régiment qui lui dut son salut, un jour où, par suite d'un mouvement malheureux, un autre régiment l'avait mis en danger. Aux yeux du colonel, baron de Berthois, MM. de Narbonne et de Courtivron étaient les officiers les plus brillants et les plus méritants du neuvième lanciers. Comment des hommes de ce mérite n'ont-ils encore reçus aucune de ces distinctions ou décorations depuis longtemps accordées à des hommes qui, à tous égards, en étaient bien moins dignes ?

Emeric d'AUPIAS, capitaine au quatrième régiment de hussards, qui tout jeune, fut décoré en Algérie ;

Henri D'AUPIAS, lieutenant d'infanterie, prisonnier de guerre ;

Elie D'AUPIAS, lieutenant de mobiles, prisonnier de guerre ;

Comte Félix DE LÉVIS MIREPOIX, lieutenant au 10e cuirassiers ;

Vicomte Adrien DE LÉVIS MIREPOIX, lieutenant au 8e hussards ;

Deux frères, jeunes officiers, qui prouvèrent admirablement, en combattant avec ces régiments, que dans leurs veines circule le noble et valeureux sang des Crillons et des Montmorency.

Baron Ch. DE MANDAT DE GRANCEY, chef d'escadron de cavalerie, aujourd'hui attaché militaire à l'ambassade de Londres ;

Edmond DE MANDAT DE GRANCEY, lieutenant de vaisseau, s'est distingué, comme tous nos marins, au siège de Paris ;

Marquis Alexandre DE LA MOTHE FÉNELON, brigadier au 5e hussards ; faisant partie du 5e corps d'armée, à la bataille de Sedan.

Comte Maurice D'IRISSON D'HÉRISSON, officier d'ordonnance du gouverneur de Paris, après avoir, à 20 ans, gagné la médaille militaire en Chine, la Légion d'honneur pendant le siége de Paris, il a mérité par des missions diplomatiques, accomplies heureusement et non sans péril, d'être proposé pour la croix d'officier de la Légion d'honneur ;

Raymond D'IZARNY-GARGAS, sous-lieutenant au 10e bataillon de chasseurs à pied ; avant son entrée à Saint-Cyr, il a fait toute la campagne aux armées de la Loire et de l'Est ;

Raoul D'IZARNY-GARGAS, lieutenant de mobiles de la Haute-Garonne, à 17 ans, s'est montré comme son frère digne de l'épaulette qu'il a doublement gagnée, pendant la guerre, par son courage, depuis, par son travail, qui le conduisant à l'école militaire, l'en fit sortir officier de l'armée.

VII

Lettre de M. d'Hérisson à M. le général baron de Chabaud La Tour, Ministre de l'Intérieur.

Paris, 27 juillet 1874.

Monsieur le Ministre,

Le soussigné a l'honneur de soumettre à votre haute et impartiale appréciation ce qui suit:

Entré dans l'administration comme conseiller de préfecture, en 1853, il se trouvait en Alsace au jour où éclata la guerre. Colmar ayant été envahi le 14 septembre 1870, le conseiller de préfecture réduit à l'impossibilité de continuer ses fonctions, et considérant comme un devoir impérieux à remplir envers son pays et envers lui-même, celui de repousser l'envahisseur, résolut de prendre les armes. Il écrivit donc, à cette date néfaste, au Ministre de l'intérieur pour lui demander d'accorder à ses cinquante-six ans, un *congé d'une durée illimitée*, afin de s'enrôler comme soldat dans un régiment de cavalerie.

Déja Paris était cerné, la demande ne put y parvenir, le soussigné s'adressant à son Préfet (depuis député du Haut-Rhin, démissionnaire), en *obtint l'autorisation d'aller à Belfort, s'engager* dans la garde mobile, avec laquelle il a servi, en qualité de capitaine aux armées du Rhin et de l'Est.

A la guerre étrangère avait succédé la guerre civile, l'ex-capitaine devançant l'appel fait par le gouvernement menacé, à tous les hommes dévoués, accourut à Versailles (fin mars 1871), où il s'enrôlait simple soldat au bataillon des volontaires de la Seine, participant au second siège de Paris.

Le soussigné était désireux de continuer une carrière interrompue momentanément par les évènements et par son patriotisme. Or, ayant manifesté son intention de continuer ses fonctions de conseiller de préfecture, il lui fut offert et promis, par l'un de vos prédécesseurs, monsieur le Ministre (cela est à la connaissance de plusieurs députés), une sous-préfecture, celle de Vienne d'abord et ultérieurement celle de Villefranche (Rhône).

Cependant, malgré les ministérielles promesses, et, par suite de circonstances funestes, l'ancien conseiller de préfecture du Haut-Rhin est réduit à en attendre l'effet, quoique se trouvant dans une situation tout exceptionnelle, unique assurément. En effet, non *révoqué*, *non démissionnaire*, mais, *ipso facto*, en congé illimité, l'ex-conseiller de préfecture du Haut-Rhin, atteint d'incurables infirmités contractées au service, en défendant sa patrie, ayant fait usage, sans succès des eaux thermales des Pyrénées, est abreuvé d'amères déceptions, et réduit au rôle écœurant de solliciteur... alors que sa réintégration, considérée comme un *acte de justice*, fut demandée comme telle par des hommes distingués qui ont noms : Comte de Civrac, de Montgolfier, de Belcastel, marquis de Partz, marquis de Mortemart, Keller, comte de Diesbach, Depeyre, comte de Maillé, de St-Victor, baron de Larcy, de Sugny, Martel, duc de Crussol, marquis de Valfons, général des Pallières, vicomte de Rainneville, etc., qui, avec cinquante de leurs collègues honorèrent de leurs signatures une requête en sa faveur.

Il n'est point inopportun peut-être de constater que, parmi tous ces noms de députés, figure, entre les plus éminents, celui du représentant du Gard : baron de Chabaud la Tour, qui permettra sans aucun doute au soussigné, de s'enorgueillir d'un témoignage sympathique, dont il espère la continuation, la manifestation formelle de M. le Ministre actuel de l'intérieur.

En l'absence de tout précédent de cette nature, le soussigné dont la famille a noblement payé de son sang le dévouement à la patrie, plein de confiance dans l'esprit d'équité qui vous caractérise, a l'honneur de vous demander, Monsieur le Ministre, son rappel à l'activité. Sa modeste ambition serait satisfaite, si vous vouliez bien le nommer à un emploi de conseiller de préfecture de première classe, n'importe où, mais préférablement dans le Midi.

Il est avec respect,
Monsieur le Ministre,

Votre très-humble et très-
dévoué subordonné,

A. d'Hérisson.

VIII

Lettre de M. d'Hérisson au comte Durfort de Civrac.

Paris, 15 septembre 1873.

. . . .

S'il est bien regrettable, Monsieur le député, que vos bonnes dispositions pour moi et votre démarche auprès du ministre de l'intérieur soient restées sans effet, l'été dernier, il est non moins regrettable que M. le secrétaire-général de l'intérieur et son chef de cabinet aient subi la fatale influence d'un employé du ministère, qui, en dénaturant les faits et ma situation, m'a très-odieusement *calomnié*.

Cela résulte d'une déclaration récente de l'ex-directeur général au ministère, M. de Saint-Paul, consignée dans ma dernière lettre au baron de Flaghac, votre collègue, dont je vous serais fort obligé, dans l'intérêt de la vérité, de lui demander communication.

Cela résulte encore des allégations de M. de L..., articulant, évidemment, d'après cet employé si hostile : 1º qu'en 1866, j'aurais, moi, conseiller de préfecture de la Loire alors, dirigé contre ledit M. de Saint-Paul un revolver homicide ! Absurde et ignoble imputation, démentie, à la date des 2 septembre 1873 et 25 mai 1874, par l'ancien directeur général du personnel ; 2º que tous mes préfets m'avaient donné de mauvaises notes, double circonstance qui devait m'enlever tout espoir de réintégration.

Je lui opposai vainement une lettre fort amicale de M. le président de section au conseil d'Etat, M. Thuillier, près duquel j'avais passé trois ans en Corse, et qui, devenu directeur général du ministère, m'avait nommé, en 1861, conseiller de préfecture de première classe.

Je lui opposai les sympathies de mes préfets, MM. Montois et comte de Tanlay, demeurés, ainsi que M. Thuillier, mes amis jusqu'à leur mort, et qui certainement m'avaient bien noté, puisque, ultérieurement, le directeur général, M. de Saint-Paul, d'après mes notes, qu'il *assura être fort bonnes*, m'offrait, en juin 1865, une sous-préfecture ou, à mon choix, un secrétariat général, ce qu'alors je crus ne devoir pas accepter et refusai.

Pourtant M. le chef du cabinet La M***, en août 1873, a *constaté*, *sur documents authentiques*, l'injustice et la négation d'un grief *reconnu faux par la demoiselle elle-même*, au nom de *laquelle* m'avait poursuivi la haine implacable du préfet de la Loire, M. Mouzard-Sencier.

Dans l'hypothèse où le ministre de l'intérieur serait à la veille d'une retraite que font pressentir les faveurs accordées hier à ses amis à titre de *services exceptionnels ;* dans l'hypothèse où il céderait enfin à des idées de justice et de réparation qui sont dans votre âme, Monsieur le député, ne pourriez-vous donc lui rappeler l'accomplissement, à votre affectueuse inspiration personnelle, d'un tel acte d'équité, trop funestement différé en faveur de l'ancien fonctionnaire alsacien ?

Veuillez agréer, etc.

A. D'HÉRISSON.

Au comte de Civrac, député de Maine-et-Loire.

IX

Lettre de M. d'Hérisson à M. C. de Witt, sous-secrétaire d'Etat au Ministère de l'Intérieur.

Paris, 13 août 1874.

Monsieur le Sous-Secrétaire d'Etat,

J'ai l'honneur de vous résumer, en quelques lignes, l'exposé de ma situation, établie tant par les pièces justificatives que par celles de mon dossier.

Entré dans la carrière administrative en 1853, comme conseiller de préfecture de la Corse de 3e classe; une année après, j'obtenais la 2e classe; enfin, en 1861, j'étais nommé conseiller de préfecture de 1re classe, après huit années de services. Un chef, dont je suis heureux de vous mettre à même d'apprécier la partialité, en mettant sous vos yeux les pièces ci-annexées, a cru devoir provoquer ma disgrâce.

. . . .

Cette disgrâce eut pour résultat mon transfert à un poste de 2e classe.

Complétement étranger à toutes manœuvres politiques, j'ose dire que j'ai exercé mes modestes fonctions avec une honorabilité qui m'a toujours valu l'estime et souvent l'amitié de mes chefs, comme des hommes de tous pays dont j'ai l'honneur d'être connu.

En 1870, j'étais en fonctions à Colmar (Alsace).

. . . .

Je le répète, Monsieur le Sous-Secrétaire d'Etat, je laisse à votre haute justice le soin d'apprécier tous mes services à la fois administratifs et militaires, et j'ose espérer qu'elle ne considérera pas que d'avoir servi mon pays soit une mauvaise note qui doit empêcher ma réintégration dans une carrière que j'ai suivie pendant vingt ans.

La demande, en date du 27 juillet dernier, que j'ai adressée à M. le ministre a pour but :

1º Ma réintégration dans l'administration ;

2º Ma réintégration comme conseiller de 1re classe dans une résidence, au choix et à la convenance du ministère, étant considéré comme étant actuellement en disponibilité, seule catégorie à laquelle puisse appartenir un fonctionnaire qui, n'ayant point été destitué ni au 4 septembre 1870, ni à une date quelconque, n'a pas donné sa démission.

La bienveillance de votre accueil, évidemment due à l'intervention de votre éminent collègue, M. Bocher, me donne lieu d'espérer une solution prochaine, dont vous serait reconnaissant,

Monsieur le Sous-Secrétaire d'Etat,

Votre très-humble et respectueuxserviteur,

A. D'HÉRISSON,

conseiller de préfecture en disponibilité.

A Monsieur C. de Witt, Sous-Secrétaire d'Etat du ministère de l'intérieur.

X

Notes complémentaires au Mémoire adressé, le 13 août 1874, à M. le Ministre de l'Intérieur, par M. d'Hérisson.

Nommé, en avril 1853, membre du conseil de préfecture de la Corse, Alfred d'Hérisson, dès l'année suivante, devait être nommé sous-préfet, en France, afin de créer au conseil de préfecture une vacance pour M. Michel Ornano, neveu du maréchal de ce nom, qui en avait reçu la formelle promesse du ministre de l'intérieur. Mais les deux familles des Ornano et des Abbatucci étant en *vendetta*, il surgit entre elles un ardent conflit, soutenu, à Paris, contre le maréchal Ornano, par le garde des sceaux Abbatucci, suivi de ses deux fils, Charles, conseiller d'Etat, et Séverin, député de la Corse.

Ces derniers personnages, triomphant au début, il en résulta l'*immobilisation*, pendant cinq années, de M. d'Hérisson à son poste, pour ne point faire la vacance d'Ajaccio, promise par M. Billault au vieux maréchal. — Sacrifié aux haineuses compétitions, aux déplorables rancunes d'une vendetta entre de puissants insulaires, un fonctionnaire irréprochable ne put quitter enfin la Corse qu'après la mort du ministre Abbatucci, qui seule permit alors le triomphe des

Ornano. Toutefois, victime d'une fatalité qui dès lors brisa sa carrière, au lieu de la sous-préfecture à lui promise en 1854, il fut rappelé sur le continent en 1858, sans le moindre avancement, comme conseiller de préfecture du Pas-de-Calais (1).

Les faits qui précèdent, qui sont à la connaissance de tous les habitants d'Ajaccio, seraient, au besoin, confirmés par la députation de la Corse, et spécialement par M. Galloni d'Istria, collègue en ce temps-là de M. d'Hérisson, au conseil de préfecture de cette île.

La guerre allemande, en 1870, l'a trouvé conseiller de préfecture encore en Alsace, où, malgré ses onze lustres, il prit les armes pour défendre la patrie envahie.— Après avoir subi d'inénarrables misères à l'armée de l'Est, M. d'Hérisson, fort affligé d'avoir survécu aux désastres de la France, a participé, comme soldat volontaire dans l'armée de Versailles, au second siége de Paris contre la Commune.

Désireux de continuer sa carrière administrative, interrompue par l'invasion prussienne, et dont ne l'a séparé aucune révocation ni démission, l'ancien volontaire aux armées du Rhin et de l'Est a sans cesse réclamé, depuis la fin de la guerre, un rappel à l'activité promis par le gouvernement aux anciens fonctionnaires alsaciens et lorrains.

En outre, comme pour corroborer l'engagement public et solennel du ministère, il fut promis par M. E. Picard, ministre de l'intérieur, à l'ex-conseiller de préfecture du Haut-Rhin, la sous-préfecture de Vienne, sur l'expresse et instante recommandation de MM. Casimir Périer, Monrozier, Gueidan, Michal-Ladichère et de Combarieu, députés de l'Isère; de Montgolfier, de Sugny, députés de la Loire, etc., combinaison qui échoua, comme toujours.

Quelques mois plus tard, sur les instances de MM. de Mortemart, Morel, de Saint-Victor, Glas, députés du Rhône ; comte d'Hespel et de Marcère, députés du Nord, comme le regretté ministre de l'intérieur Lambrecht, celui-ci, qui avait promis à M. d'Hérisson la sous-préfecture de Villefranche, mourait subitement, le 7 octobre 1871, avant d'avoir exécuté son engagement.

L'avénement au ministère de M. Casimir Périer dut remplir d'espérance celui dont, au printemps de la même année, il s'était fait

---

(1) Translation du plus méridional au plus septentrional département français : du pays de soleil du perpétuel printemps, à celui des frimats, de la glace, par 20 degrés de froid. Rude et cruelle épreuve pour un Toulousain, presque un châtiment.

le chaleureux protecteur..... N'était-il pas signataire, avec cinquante de ses collègues de l'Assemblée nationale, d'une demande en réintégration de l'ex-conseiller alsacien, dont il voulait et fut sur le point de faire un sous-préfet de Vienne, ainsi que le sait pertinemment l'honorable M. Calmon, directeur alors du personnel ?

Mais de même que, selon certaine ballade, les morts vont vite, de même les ministres se succédèrent jusqu'ici très rapidement à l'intérieur. Toutefois, en juillet 1873, *regnante* M. Beulé, son compatriote et collègue, le comte de Civrac, président du conseil général de Maine-et-Loire, étant intervenu, lui réclama comme un acte de justice le rappel à l'activité d'un vieux serviteur de son pays, ayant fait acte de patriotisme alors que tant d'autres Français, fonctionnaires ou non, jeunes et vigoureux, affichaient publiquement de honteuses et lamentables défaillances.

Prenant en considération les sérieux arguments fournis pour son protégé par M. de Civrac, le ministre lui promettait un conseil de préfecture de 1re classe, objet de ses désirs, ce qu'il fit connaître, en partant pour sa province, à M. d'Hérisson. l'engageant à voir le directeur du personnel au ministère, naguère son préfet à Angers, peut-être son ami. Ce personnage, auquel une audience avait été demandée pendant qu'il élaborait un mouvement préfectoral très-considérable, eut soin de ne l'accorder qu'après sa réalisation, à celui dont le ministre avait promis et presque annoncé la nomination formelle au président du conseil général de son département (1).

Ce fut le 14 septembre 1870, *delinda dies,* que Colmar vit envahir son enceinte et occuper sa préfecture par une armée allemande. — Le préfet, qui n'était que depuis quatre jours installé, eut juste le temps de s'esquiver, peu soucieux d'être capturé et transféré dans une forteresse outre-Rhin. En quittant son chef-lieu, il laissait à son

---

(1) Mouvement en date du 30 juillet 1873, qui comprend les nominations administratives de dix-sept sous-préfets, de vingt conseillers de préfecture, dont moitié de 1re classe. Il est juste d'ajouter que M. le baron Le Guay (ce favori de la fortune, arrivé d'emblée ainsi que son frère, à une préfecture en 1871, bien qu'étranger à l'administration) eut la magnanimité d'offrir alors un poste de conseiller de préfecture de dernière classse, aux 20 ans de services de M. d'Hérisson, mais ce poste fut refusé comme une insulte à sa barbe grise. — Aussi M. le préfet du Nord, actuel, se crut-il fondé à taxer *d'excessives* les prétentions du vieux fonctionnaire, si fort *ambitieux* comme cela résulte de sa réponse au député de la Haute-Loire, baron de Flaghac.

conseil de préfecture la mission et le soin de sauvegarder et de veiller pour le mieux aux intérêts du département et de la ville, dont il s'éloignait momentanément.

A cette date, le secrétaire général, démissionnaire (en haine de la République), étant encore à Colmar, fut retenu prisonnier dans l'hôtel de la préfecture, et menacé par un chef ennemi d'être interné en Allemagne dans les deux heures. En présence d'une telle menace, d'une perspective aussi dure, un des conseillers, le plus âgé, crut de son honneur et de son devoir de revendiquer tout simplement la place et la captivité d'un collègue qui, démissionnaire, ayant abandonné volontairement sa position administrative et politique, avait cessé d'être, à ce moment, fonctionnaire et dès lors n'avait plus aucune raison d'être incarcéré ni recherché pour cet objet.

Ainsi résolu à subir les conséquences de sa position, même la transportation à l'étranger, le doyen d'âge du conseil de préfecture, avant de se constituer prisonnier entre les mains du général prussien, s'empressa de communiquer sa détermination spontanée, motivée, à l'ex-secrétaire général du Haut-Rhin. Ce dernier s'y opposa vivement, ajoutant qu'il ne se trouvait pas trop mal dans le splendide hôtel coustruit par la France pour le roi de Prusse, et qu'il tenait à y rester.

Cependant les envahisseurs, allant occuper Mulhouse, abandonnèrent, le lendemain 15 septembre, Colmar ainsi que leur prisonnier.

XI

Lettre de M. de Rainneville à Madame la comtesse du Hamel.

Madame la Comtesse,

J'ai reçu la lettre que vous m'avez fait l'honneur de m'adresser au sujet de M. d'Hérisson. Je regrette infiniment de ne pouvoir, en cette circonstance, vous servir comme vous le désirez; je suis complétement impuissant pour obtenir la rentrée de votre cousin dans l'administration.

Déjà, sur la recommandation de M. le comte J. de Vougy, et je crois aussi de M. le comte Ph. de Tournon, j'ai fait au ministère de l'intérieur tous les efforts possibles; j'ai trouvé une volonté *très-arrêtée* de ne pas replacer M. d'Hérisson; j'ai échoué.

Veuillez croire, Madame, que je me sens très-désolé de ne pouvoir mieux répondre à votre demande, et permettez-moi de déposer à vos pieds mes très-respectueux hommages.

Signé : RAINNEVILLE.

Abbeville, 30 août 1874.

M. le vicomte de Rainneville est député de la Somme.

Madame la comtesse du Hamel, à Paris.

XII

Une note concernant les Tournon et les Polastron.

Gilbert de Tournon prit part à la première croisade en 1096. L'une de ses descendantes, Alexandrine-Philippine-Rose-Hélène de Tournon-Simiane, fut la mère d'A. d'Hérisson. Entre autres illustrations de la famille de Tournon, mentionnons le cardinal François de Tournon, un des plus grands hommes d'Etat du XVIe siècle, et le comte Camille de Tournon, l'un des administrateurs les plus-distingués de l'Empire et de la Restauration.

Guillaume de Polastron se croisa en 1240, avec saint Louis; son nom et ses armes figurent à la salle des croisades au palais de Versailles. Or, Suzanne-Joséphine de Polastron la Hillière, aïeule paternelle du conseiller de préfecture, appartenait à cette antique Maison, d'où sont sortis dix-sept chevaliers ou commandeurs de saint Jean-de-Jérusalem et un Grand Prieur de l'ordre de Malte; enfin cinq officiers généraux dont deux tués à l'ennemi.

XIII

Lettre de M. Thuillier, président de section au Conseil d'Etat,
à M. d'Hérisson.

Paris, 24 octobre 1864.

Mon cher Conseiller,

Consulté sur vous, je réponds, par le courrier d'aujourd'hui, ce qui suit :

« Il a passé plusieurs années années auprès de moi, et je l'avais

admis dans l'intimité de ma famille. Sa conduite a toujours été irréprochable. La loyauté de son caractère, la droiture et l'élévation de
ses sentiments lui avaient concilié mon estime et mon attachement.
Il s'est acquitté de ses fonctions avec intelligence et dévouement, et je
lui avais donné des notes qui ont dû contribuer à son avancement
que j'aurais voulu plus rapide et plus marqué. Excellent fils, il a
montré, à ma connaissance, dans les relations de famille, des qualités
de cœur qni lui ont valu et lui vaudront toujours mes sympathies.

« Ce que je puis affirmer, et je suis heureux de le faire, c'est que
M. d'Hérisson joint à un caractère facile, aimable et enjoué, un cœur
affectueux et bon, des qualités solides! Je remplis un devoir en lui
rendant ce témoignage, etc. »

Sur ce, mon cher Conseiller, je fais les vœux les plus sincères pour
la solution désirée, et je me réjouis d'avance d'avoir pu y contribuer
en vous rendant justice.

Mille amitiés.

Signé : C. Thuillier.

XIV

*Lettre de l'ancien Directeur général du personnel à l'ancien
Préfet de la Loire, M. Sencier.*

Paris, 25 mai 1874.

Mon cher ami,

M. d'Hérisson me demande une lettre d'introduction auprès de
vous pour vous montrer des documents qui jettent un jour nouveau
sur l'incident qui détermina son changement en 1866.

Je lui ai déjà donné un mot pour rectifier des faits qui m'étaient tout
à fait personnels, et qui avaient été exagérés. Ecoutez-le avec votre
bienveillance habituelle, et si les préuves qu'il compte vous mettre
sous les yeux vous paraissent concluantes, vous pourriez lui donner
une attestation qui lui permettrait peut-être de faire disparaître les
obstacles qui arrêtent sa rentrée dans la carrière administrative.

A vous bien sincèrement, mon cher ami.

Signé : G. de Saint-Paul.

XV

Etats de Services militaires et civils de M. d'Hérisson.

SERVICES MILITAIRES

*Extraits des registres matricules et documents déposés aux archives
de la guerre.*

D'Hérisson Polastron (François-Joseph-Hippolyte-Alfred), fils de
Henry-François-Joseph et de Alexandrine-Philippine-Rose-Hélène de
Tournon-Simiane, né le 14 octobre 1814, à Toulouse (Haute-
Garonne).

Nommé capitaine dans la garde nationale mobile du département
du Haut-Rhin le 25 septembre 1870.

En congé de convalescence, le 9 février 1871.

Licencié provisoirement par décret du 7 mars 1871.

Enrôlé volontaire au bataillon des volontaires de la Seine, le 6 avril
1871.

Licencié le 15 juillet 1871.

CAMPAGNES

1870-1871, contre l'Allemagne.
1871, à l'intérieur.

Fait à Versailles, le 23 juin 1874.

Pour le conseiller d'Etat, directeur général :

Le chef de service,

Signé : FERLAT.

SERVICES CIVILS

Employé à la Direction de l'intérieur, à Alger, le 28 mars 1846.
Démissionnaire, remplacé le 10 mars 1847.
Conseiller de préfecture de la Corse, le 20 avril 1853.

Id.	id.	du Pas-de-Calais, le 3 mai 1858.
Id.	id.	de la Loire, le 18 mai 186:.
Id.	id.	du Haut-Rhin, le 28 février 1866.

Peut-on, doit-on considérer comme services civils ou militaires ceux rendus dans la garde nationale ? Quoi qu'il en soit, capitaine de la garde nationale en 1848, A. d'Hérisson sollicita la mobilisation pour être envoyé à la frontière, en prévision d'une guerre alors probable, ainsi que cela résulte d'une attestation du général La Fond de Villiers, organisateur, à cette époque, des bataillons de mobiles parisiens.

Après le licenciement des volontaires de la Seine ; faisant partie du 1er corps de l'armée de Versailles (général de Ladmirault), il reçut une feuille de route pour l'établissement militaire d'Amélie-les-Bains, où le ministre de la guerre l'hospitalisa, deux années de suite, afin d'y tenter la guérison des infirmités contractées pendant la campagne d'hiver si rigoureuse de 1870.

XVI

*Lettre de M. d'Hérisson à M. F***, à St-Etienne.*

Place de Belfort, le 14 octobre 1870.

Monsieur,

La guerre, à jamais déplorable, survenue entre la France et l'Allemagne, a commencé par des revers tels, que, pour en éviter de plus terribles encore, il est du devoir de tous ses enfants de combattre avec la plus virile énergie les ennemis implacables de notre patrie. C'est pour obéir à ce devoir impérieux que plusieurs membres de ma famille, dispensés par leur âge et leur position sociale du service militaire, coururent s'enrôler sous les drapeaux de la France. Ainsi ai-je fait moi-même en quittant mes fonctions administratives à un âge où tant d'autres s'autorisaient de leurs années pour s'abstenir.

Incorporé dans l'armée du Rhin : Belfort, où je me trouve en ce moment, est menacé. Des luttes terribles sont imminentes et prochaines. Peut-être, et je demande à Dieu qu'il en soit ainsi, le suppliant de m'accepter préférablement à un frère, à des parents aimés, comme victime de cette grande et cruelle guerre ; peut-être ne lui survivrai-je pas ; peut-être suis-je à la veille de quitter la vie, heureux de n'être point le navré témoin des ruines et de la décadence de mon pays !...

A cette heure solennelle, un catholique, un royaliste de naissance, doit songer à mourir en soldat chrétien ! tel est mon désir, tel est mon espoir. J'ai donc dû me réconcilier avec Dieu. — A la veille peut-être de paraître devant lui, je tiens à ce que vous sachiez bien, Monsieur, que si j'ai eu vis-à-vis de vous des torts indirects, ils n'eurent pas la gravité qui leur a été attribuée.

Je n'oublierai de ma vie, pas plus que vous sans doute, la triste et si émouvante soirée du 14 septembre 1865. Il vous souvient assurément que le canon d'un pistolet, braqué soudainement par vous sur la poitrine d'un homme désarmé, fut impuissant à lui faire avouer qu'il fût l'auteur d'une *paternité* que vous lui imputiez. Il vous souvient que, appelée alors dans votre cabinet, votre jeune fille, sur le point de devenir mère, et que, la veille, une menace de mort avait paru contraindre à nommer son séducteur, après m'avoir désigné sous le coup de cette menace, n'osa plus, devant moi, soutenir son allégation mensongère, et qu'elle déclara, sous la foi du serment, que *j'y étais étranger !*

Il vous souvient qu'à ce moment solennel, m'exprimant vos vifs regrets et vos excuses du procédé violent et insolite employé à mon égard, vous me conjurâtes, Monsieur, les larmes aux yeux, de vous prêter mon assistaunce personnelle pour sortir d'une situation cruellement douloureuse qui vous semblait inextricable.

Touché profondément de votre paternelle douleur comme de vos malheurs, ne cédant qu'à l'inspiration d'une bonne nature, je vous fis spontanément l'aveu que des rapports intimes avaient existé entre votre fille et moi, mais *postérieuremeut à la grossesse* à laquelle, *d'après sa déclaration même , j'étais complétement étranger.* Il vous souvient, enfin, que, pour me conformer à vos vues, je vous assurai que mon concours vous était absolument acquis, désireux que j'étais de réparer, dans la mesure du possible, une faute, une liaison regrettables. Cela fut accepté par vous avec l'apparence d'une vive gratitude.

En ce qui concernait mademoiselle votre fille, il fut également convenu que je partirais immédiatement pour le Midi, ce qui eut lieu, afin de lui chercher un asile honnête et sûr où fût ignorée de tous la faute commise. — Effectivement, je ne tardai point à vous informer de la providentielle trouvaille d'une position excellente, inespérée pour elle, qui, sous l'égide d'une pieuse fable, avait été présentée comme une jeune femme délaissée par son mari, passé à l'étranger. Vous n'ignorez pas que vous mîtes obstacle, par un silence persistant, à l'exécution de ce plan . . . .

. . . .

Plus de quatre mois s'étaient écoulés depuis cette époque, et je n'avais gardé de tous ces événements intimes qu'une extrême tristesse et beaucoup d'amertume dans l'âme, lorsque, vers la fin de janvier 1866, je fus appelé dans le cabinet du préfet de la Loire. Ce haut fonctionnaire, dont la malveillance à mon égard était depuis plusieurs mois notoire, à raison de magnétisme et notamment du charlatan B***, que vous-même n'avez que trop connu, ce magistrat me fit le plus blessant accueil. Il me déclara que, d'une plainte de votre famille, il résultait que Mlle F... était enceinte de mes œuvres, me signifiant brutalement qu'il me mettait en demeure de l'épouser sans retard, sinon qu'il me ferait, lui, révoquer immédiatement !...

La menace de votre pistolet, vous le savez, n'avait, le 14 septembre 1865, pu m'arracher un aveu contraire à la vérité ; dès lors, cette menace de révocation ne pouvait obtenir de mon indignation une promesse de mariage dans de telles conditions. J'eusse préféré, et je le déclarai à M. Mouzard-Sencier, j'eusse préféré la mort !

Toutefois, malgré les rapports les plus malveillants, les plus hostiles d'un chef irrité, dont la religion avait été doublement trompée, par d'injurieuses calomnies, le directeur général du personnel au ministère de l'intérieur, plus équitable appréciateur des faits mis à ma charge, m'infligeait une disgrâce, peut-être trop sévère à raison des circonstances précitées, et se refusait à me destituer, se bornant à me faire perdre une classe.

Ces cinq années de disgrâce représentent, outre une perte pécuniaire considérable, surtout pour un homme sans fortune, un obstacle invincible peut-être et permanent à tout avancement, si j'allais survivre à la guerre, ce que je suis loin de désirer.

En résumé, pour la faute qui m'est imputable, l'expiation subie déjà n'est-elle pas suffisante ?... Dans sa divine justice, la Providence, j'en ai le ferme espoir, absoudra cette infraction aux lois de Dieu, résultat si fréquent de l'entraînement des sens, auquel si peu d'hommes, même parmi les plus haut placés, savent, hélas ! résister.

Après tant d'épreuves subies, amères, irréparables, il serait consolant pour l'auteur de ces lignes de penser que vous aussi, Monsieur, ne poursuivrez pas d'un éternel ressentiment la mémoire d'un homme qui ne cessa de professer pour vous et vos immérités malheurs une sympathie véritable. Dans cette hypothèse désirée, vous refuserez-vous à lui en donner la certitude ?...

A. D'HÉRISSON,

capitaine au 5e bataillon de mobiles du Haut-Rhin,
1re compagnie.

Ici la mention suivante écrite de la main de Mlle ***, fille du desti-
nataire de la lettre qui précède :

« Je reconnais et déclare que les faits relatés ci-dessus sont parfai-
« tement exacts. »

Lyon, 21 juillet 1873.

Signé : Marie F...

Paris, 26 mai 1874.

Pour copie conforme :

A. D'HÉRISSON.

XVII

*Lettre de M. Bonnardet, ancien conseiller de Préfecture
de la Loire, à son ex-collègue M. d'Hérisson.*

St-Germain-l'Espinace, le 8 août 1873.

Mon cher d'Hérisson,

Je m'empresse de répondre à votre lettre pour vous envoyer le
certificat demandé.

Je déclare donc, à vous et à tous ceux auxquels vous voudrez donner
communication de ma lettre, que l'affaire dont vous me parlez, c'est-à-
dire vos relations avec Melle... n'ont point eu, dans le public, le re-
tentissement et causé le scandale qu'on parait vous reprocher, pour
s'opposer à votre réintégration dans l'administration.

En preuve de ce que j'avance, je peux déclarer que : Je n'ai lu dans
aucun journal du pays, aucun article ayant rapport à cette affaire ; que
j'en ai entendu parler très rarement, et seulement dans le monde des
fonctionnaires de la préfecture dont je faisais partie en qualité de
conseiller de préfecture de la Loire depuis 1860 ; que je ne l'ai moi-
même apprise que par vous et confidentiellement, cinq ou six mois,
parait-il, après la cessation de vos rapports avec Mlle...

Je crois donc pouvoir affirmer qu'il est faux et inexact de dire que
vos relations avec la personne ci-dessus indiquée, aient causé dans la
ville de St-Etienne un scandale public qui soit de nature à vous empêcher de rentrer dans l'admistration.

Il y a eu faute de votre part, faute que je n'ai pas mission d'apprécier, mais je puis l'affirmer, il n'y a pas eu scandale public, j'en suis

témoin, et je puis certifier que c'est à peu près exclusivement entre vous et la famille, le Préfet et le Ministre que l'affaire s'est agitée.

Voilà, mon cher ami et ancien collègue, ce que je peux dire en âme et conscience dans votre affaire, ajoutant en fin de cause que je trouve que vous avez assez expié votre faute par votre disgrâce, pour qu'il ne vous soit plus rien reproché.

Permettez moi cette comparaison : lorsqu'un coupable a subi sa peine, la justice humaine ne le remet pas en accusation pour lui infliger une nouvelle condamnation.

Je désire que cette déclaration, faite en toute sincérité, vous aide à vous faire rendre justice.

En attendant que cette justice vous soit rendue et que j'aie le plaisir de vous revoir, je vous prie d'agréer l'expression de ma vieille et cordiale amitié.

Votre tout dévoué,

Signé : M^{ce} BONNARDET,

conseiller de préfecture de la Loire de 1860 à 1870.

XVIII

Lettre du Ministre de l'Intérieur de Goulard au député baron de Flaghac.

Versailles, 7 février 873.

Monsieur le Baron et cher Collègue,

Vous avez bien voulu joindre votre recommandation à celle que plusieurs de vos honorables collègues m'ont précédemment adressées en faveur de M. d'Hérisson, ancien conseiller de préfecture, qui désire rentrer dans l'administration.

Il m'aurait été très-agréable, Monsieur le Baron et cher Collègue, de vous annoncer que cette demande se présentait dans de bonnes conditions et qu'elle était au nombre de celles qui, les circonstances aidant, pouvaient être accueillies. Malheureusement, à une certaine époque de sa carrière, M. d'Hérisson a encouru une disgrâce méritée, dont le souvenir nuit au succès de sa candidature ; j'ai pris note toutefois de votre démarche en faveur de cet ancien fonctionnaire, et si j'en trouvais l'occasion, j'examinerais attentivement s'il est possible de le rappeler à l'activité.

Veuillez agréer, Monsieur le Baron et cher Collègue, l'assurance de ma considération la plus distinguée.

Signé : *Le Ministre de l'intérieur,*

E. DE GOULARD.

A M. le baron de Flaghac, député de la Haute-Loire.

XIX

Le Magnétisme animal jugé par le R. P. Lacordaire.

Mais du moins n'existe-t-il pas dans la nature des forces occultes qui nous ont été révélées depuis, et dont Jésus-Christ se serait autrefois emparé ? Je nommerai, Messieurs, ces forces occultes auxquelles on fait allusion, je les nommerai sans crainte : on les appelle les forces magnétiques. Et je pourrais m'en délivrer aisément, puisque la science ne les reconnait pas encore, et même les proscrit. Toutefois, j'aime mieux obéir à ma conscience qu'à la science. Vous invoquez donc les forces magnétiques : Eh bien ! j'y crois sincèrement, fermement ; je crois que leurs effets ont été constatés, quoique d'une manière qui est encore incomplète et qui le sera probablement toujours, par des hommes instruits, sincères et même chrétiens ; je crois que ces effets, dans la grande généralité des cas, sont purement naturels ; je crois que le secret n'en a jamais été perdu sur la terre, qu'il s'est transmis d'âge en âge, qu'il a donné lieu à une foule d'actions mystérieuses, dont la trace est facile à reconnaitre, et qu'aujourd'hui seulement il a quitté l'ombre des transmissions souterraines, parce que le siècle présent a été marqué au front du signe de la publicité : je crois tout celà. Oui, Messieurs, par une préparation divine contre l'orgueil du matérialisme, par une insulte à la science, qui date du plus haut qu'on puisse remonter, Dieu a voulu qu'il y eut dans la nature, des forces irrégulières, irréductibles à des formules précises, presque inconstatables par les procédés scientifiques. Il l'a voulu, afin de prouver aux hommes tranquilles dans les ténèbres des sens, qu'en dehors même de la religion, il restait en nous des lueurs d'un ordre supérieur, des demi-jours effrayants sur le monde invisible, une sorte de cratère par où notre âme, échappée un moment aux liens terrestres du corps, s'envole dans des espaces qu'elle ne peut pas sonder, dont elle ne rapporte aucune mémoire, mais qui l'avertissent assez que l'ordre présent cache un ordre futur devant lequel le nôtre n'est que néant. Tout celà est vrai, je le crois.

> (Conférences de Notre-Dame de Paris, année 1846, t. II, p. 467, 468. 38e Conférence : *De la puissance publique de Jésus-Christ.*

XX

Note importante relative au comte de Civrac.

M. le comte de Civrac, député de Maine-et-Loire, président du conseil général de ce département, demandait, en juillet 1873, au ministre de l'intérieur, *comme un acte de justice,* la réintégration de M. d'Hérisson dans l'administration qu'il avait quittée, en vertu d'un congé *illimité,* pour combattre les ennemis de la France. — Cette demande avait, antérieurement, été appuyée par la signature de cinquante députés qui honoraient de leurs sympathies le patriotisme d'un vieil engagé volontaire de 56 ans.

Toutefois, comme un précédent ministre avait opposé à cette réintégration certaine disgrâce dont, en 1866, fut frappé ce fonctionnaire, envoyé d'un département de 1re classe dans un de 2e classe, il fut admis et très équitablement décidé par ces deux hauts personnages, qu'ayant, durant plusieurs années, subi cette disgrâce, plus ou moins méritée, la faute étant largement expiée, il n'y avait plus, dès lors, à s'en préoccuper, pas plus que *des rapports qui l'amenèrent.*

M. le ministre Beulé promit donc, à cette époque, la formelle réintégration du fonctionnaire qui, s'il avait été répréhensible autrefois, en avait été trop sévèrement puni, comme l'a reconnu naguère l'ancien chef du personnel de l'administration impériale, M. de Saint-Paul. Néanmoins, M. le comte de Civrac, ayant quitté Paris, il ne fut point donné suite à la promesse ministérielle, une formidable et fatale opposition s'étant produite au bureau du personnel contre l'ancien conseiller de préfecture du Haut-Rhin, qui s'est vu en butte à de cruels déboires, à d'odieuses calomnies dont la propagation ne pouvait que lui nuire dans l'esprit de ses anciens amis et protecteurs.

Il a eu la douleur de s'entendre accuser d'avoir *attenté aux jours du directeur général du personnel du ministère de l'intérieur,* au moyen d'un revolver, attentat qui, naturellement, devait le faire exclure à tout jamais de l'administration.... Le chef de cabinet d'un précédent sous-secrétaire d'Etat ne craignit pas de se faire l'écho d'une aussi absurde et monstrueuse imputation, à laquelle il semblait donner créance.

Heureusement pour ce prétendu criminel, que l'honorable M. de Saint-Paul, par une récente déclaration, a démenti, en la mettant à néant, cette affreuse machination, sous le coup de laquelle est resté jusqu'ici l'une des plus malheureuses victimes de la guerre, désespérée de lui avoir survécu, hélas!

N'est-il point, en effet, navrant d'être mis à l'index comme un *paria,* tandis que sont accueillis, promus et récompensés tant d'intrigants dont plusieurs ayant tourné le dos à l'ennemi? N'est-il point lamentable, alors que, dispensé par ses fonctions et par son âge d'affronter les périls, les misères sans nombre d'une guerre affreuse, on les a volontairement subis, à ce point d'y avoir perdu sa santé, de se voir enlever le fruit de vingt ans de loyaux services?

N'est-il pas lamentable pour un homme de cœur, persuadé que noblesse oblige, d'être réduit au rôle odieux et misérable de solliciteur, de solliciteur éconduit comme un malfaiteur par chaque ministre !!!

En effet, l'intervention nouvelle du même comte de Civrac et du député de Belfort en faveur d'un membre du dernier conseil de préfecture du Haut-Rhin, près du ministre actuel de l'intérieur, a occasionné une réponse identique à celle faite aux divers personnages qui, depuis 1871, ont daigné prendre à cœur le sort d'un courageux citoyen, d'un bon Français.

A l'honorable M. Keller, l'éminent député d'Alsace (intrépide volontaire ayant combattu les envahisseurs de son pays à la tête de ses compatriotes), il était répondu, le 12 juin 1874, que ces notes de 1865, ayant motivé la disgrâce du fonctionnaire, seraient un obstacle au bon vouloir du ministre. Véritable épée de Damoclès éternellement, mortellement menaçante sur la tête d'un innocent qui semble à jamais sous le coup de châtiments immérités.

Celui-ci peut-il être condamné à un enfer perpétuel ? ou n'est-il point en droit de réclamer et provoquer de la justice du ministre ou, à son défaut, du maréchal-président de la République, une enquête que faciliteraient des documents originaux ? Ces derniers, soumis à l'ancien directeur général du personnel, instrument de la disgrâce de M. d'Hérisson, lui ont trop tardivement fait regretter, en septembre

1873, une mesure que, mieux éclairé, plus sérieusement renseigné, il eût modifiée assurément, en ce sens qu'un simple changement de résidence, sans perte de classe, lui eût été imposé en 1866.

XXI

Un episode de la vie militaire d'A. d'Hérisson.

L'armée de Versailles étant entrée à Paris le **22** mai 1871, une division du corps de Ladmirault fut, le lendemain, chargée d'enlever les buttes Montmartre, que défendirent à peine les troupes insurrectionnelles. Les volontaires de la Seine, faisant partie des troupes d'occupation de Montmartre (brigade Pradier), formaient un bataillon dont la 1re compagnie avait été composée à Versailles, exclusivement et tout exceptionnellement d'officiers de gardes mobiles et mobilisés, venus, accourus des départements les plus éloignés pour se grouper, afin de la protéger, après le 18 mars, auprès de l'Assemblée nationale inquiète et menacée. Mettant de côté leur grade, dont ils conservèrent les insignes dans le rang, ces volontaires furent armés de chassepots, ni plus ni moins que les soldats des autres compagnies.

Une heure environ après l'assaut et l'occupation de Montmartre, qui avait coûté la vie au commandant de la 1re compagnie d'officiers, l'un d'eux, ayant été aperçu, le fusil sur l'épaule et la cartouchière aux reins, par le colonel du 15e régiment d'infanterie, entouré de son état-major, groupés devant un café, non loin de la rue du Mont-Cenis, fut arrêté sur un signe de ce colonel qui, le prenant pour un capitaine d'insurgés, articula le mot, désormais célèbre « Qu'on me fusille à l'instant cet homme-là ! »

La similitude du costume avec celui de l'armée communale, des galons de capitaine avec un chassepot en guise de sabre, le tout couronné d'une longue barbe grise, qui datait de Belfort, des mains hâlées, déshabituées de gants depuis la guerre, pouvaient facilement tromper un chef qui ne soupçonnait point alors l'existence très-insolite d'un corps d'officiers-soldats.

Malgré les ardentes dénégations du captif, malgré la production d'un laissez-passer délivré par l'intendant au capitaine d'Hérisson, le colonel, insinuant que ce document pouvait avoir été volé, enlevé sur l'officier de ce nom, après l'avoir tué, le colonel insistait pour la fusillade. « Aurais-je donc, s'écria dans son indignation ce dernier, aurais-je donc la *binette* ou le galbe d'un voleur, d'un assassin, d'un pétroleur ou d'un lâche déserteur? » — Je ne prétends point cela ; mais rien ne ressemble quelquefois davantage à un honnête homme que l'inverse, répliqua le chef de corps inflexible.

L'entourage d'officiers de son régiment n'avait rien dit, lorsque l'un d'eux, rompant le silence en s'avançant pour désarmer le volontaire, s'écria : « Rendez-moi votre fusil et finissons-en vite...., » Alors le vieux capitaine, exaspéré, pressant son chassepot sur sa poitrine, riposta :

« On ne désarme pas ainsi un officier français, qui a servi son
« pays dans les mêmes rangs que vous, qui, naguère encore con-
« seiller de préfecture en Alsace, et sans autre obligation que son
« dévouement à la France, a combattu les Allemands à l'armée du
« Rhin, et qui, enfin, est entré avec votre armée, dont il fait partie,
« à Paris, pour y lutter contre l'insurrection.

« C'est un pareil Français que vous immoleriez comme insurgé,
« coupable d'avoir versé le sang de nos soldats ! La mort n'est rien
« pour qui l'a su volontairement braver à l'ennemi, rien pour un
« cœur navré d'avoir survécu aux désastres de notre patrie ; mais elle
« serait inique ignominieuse, aujourd'hui, pour la victime, pour les
« siens consternés, alors qu'on apprendrait, à la face du monde
« étonné, qu'au nombre des malheureux fusillés pour avoir été cap-
« turés les armes à la main, l'armée communarde a perdu dans tel
« officier un homme apparenté aux plus illustres familles monarchi-
« ques de France. »

« Tel est le sort, fut-il répondu, qui attend tous les traîtres, conspirateurs et révolutionnaires qui sont dans votre camp. »—L'un d'eux, capitaine aussi, alléguant, à tort ou à raison, qu'il appartenait à l'armée de Versailles, venait d'être fusillé derrière une muraille voisine, quelques instants auparavant, dans des circonstances analogues.

En présence d'un supplice imminent et, dans de telles circonstances, infamant, le capitaine-soldat, prêt à se résigner chrétiennement à son triste sort, en songeant au Christ sur le Calvaire, eut une subite et victorieuse inspiration. S'adressant donc au colonel du 15e de ligne : « Il ne tiendrait qu'à vous, mon colonel, pour vous éviter un remords tardif, mais irréparable, d'être convaincu de la sincérité d'un langage affirmé par la loyale parole d'un gentilhomme sans peur et sans reproche. La brigade Pradier n'étant qu'à une petite distance, pourquoi ne pas confier à l'un de vos officiers la mission de m'escorter jusqu'au sommet des buttes Montmartre, pour y faire constater mon identité sans retard ? »

Frappé sans donte de la franchise de ces accents, ou redoutant une nouvelle erreur capitale, le promoteur de cette arrestation y ayant adhéré, le captif se voyait bientôt après remis aux mains du colonel commandant les volontaires de la Seine, campés au moulin de la Galette, point le plus culminant de la capitale, d'où, la nuit suivante, il assistait, l'âme brisée de n'y pouvoir mettre obstacle, aux sinistres incendies des palais et monuments de Paris.

A quelques mois de là, un officier, capitaine adjudant-major du 15e d'infanterie, envoyé à la station thermale d'Amélie-les-Bains, où l'avait précédé, à l'hôpital militaire, M. d'Hérisson, reconnaissant ce dernier, lui rappelait les circonstances critiques de l'arrestation dont il avait été témoin à Montmartre, et à laquelle, plus heureux que d'autres, il avait eu la providentielle chance d'échapper. Il est certain que la conformité des costumes amena beaucoup d'exécutions sommaires et de massacres d'innocents, notamment dans le brave corps des gardiens de la paix.

XXII

Page 43 : *Et que serait-ce ?*

Il était nécessaire, pour que la surveillance du pouvoir disciplinaire atteignît son but, qu'au lieu d'être limitée aux fautes inhérentes aux fonctions, elle embrassât même les actions de la vie privée, non-seulement celles qui sont prévues et punies par nos lois criminelles, mais encore celles qui, réprouvées par la morale, ne sont pas cependant punies par la loi. *Toutefois*, cette règle ne doit être appliquée qu'avec une certaine réserve, les secrets du foyer domestique doivent être respectés, et il y aurait souvent beaucoup plus d'inconvénients à exercer certaines poursuites, à faire pénétrer le jour de la publicité dans l'intérieur d'une famille, qu'à laisser impunis quelques désordres privés, il faudrait que les faits d'immoralité eussent dégénérés en scandale public, ou qu'ils eussent provoqué des plaintes, ou enfin qu'ils se fussent révélés dans un débat public. Et même, dans ce cas, il pourrait n'être pas toujours convenable, n'être pas toujours opportun d'appliquer un châtiment. En pareille matière... il faut examiner si la considération du corps auquel appartient l'auteur de ces faits, peut en recevoir quelque atteinte. Citons à ce sujet, la lettre que M. le procureur général près la Cour de Paris écrivait le 21 mars 1821, à l'un de ses substituts, relativement à un notaire accusé d'avoir obtenu la faiblesse d'une jeune fille : « La conduite du notaire D... est très-répréhensible, mais je ne crois pas que la liberté des mœurs qu'on lui reproche soit assez saillante pour motiver le recours à la discipline, soit de la chambre des notaires, soit des Tribunaux... Au-delà des faits de profession, *il ne faut pas vouloir porter l'autorité trop loin*... Dans le siècle on nous sommes, l'action d'obtenir des faiblesses d'une jeune personne de 19 ans, toute blâmable qu'elle est fort justement aux yeux des hommes moraux et religieux, n'est pas malheureusement assez extraordinaire..., assez scandaleuse pour qu'on doive s'en occuper à l'égard d'un notaire, autrement qu'à l'égard de tout autre. *Je crois donc qu'il n'y a rien à faire en cette occasion.* (Voir cette lettre au Répert. du Notariat de M. Rolland de Villargues, vᵒ Discipline notar. nᵒ 4.)

XXIII

Page 13 : *Dieu me garde* etc.

Que vous sert de voir votre race ornée par la noblesse des Croix de Malte et par le majesté des sceaux de France, qui ont été avec tant d'éclat dans votre maison? Que vous sert d'être né d'un père qui a rempli si glorieusement la première place dans l'un de nos plus augustes sénats...? Que vous sert tout ce pourpre qui brille de toutes parts dans votre famille? En ce dernier jugement de Dieu où nos consciences seront découvertes, vous ne serez pas estimée par les ornemens étrangers, mais par ceux que vous aurez acquis par vos bonnes œuvres.

(Bossuet, *Sermon pour la vêture d'une postulante Bernardine.*)

XXIV

Page 26 : *cet indomptable Spartiate*, etc.

Allusion au frère du poète Eschyle, Cynégire qui, à la bataille de Salamine, ayant saisi la poupe d'un navire perse qui prenait le large, et ayant eu le bras droit et la main gauche coupés, le saisit avec les dents et ne lâcha prise que lorsque sa tête tomba.

XXV

Page 38 : *Jus postliminii* etc.

Droit pour un prisonnier romain, à qui la captivité avait enlevé partie de ses droits, de rentrer dans la plénitude de son premier état juridique, à son retour de l'ennemi. (V. *Inst.*, l. 1, tit. XXII, §. 5.)

TABLE

DES PIÈCES JUSTIFICATIVES

ET NOTES

Lyon. — Impr. Mougin-Rusand.